Karin von Schilling

Der Tod meines Kindes

Karin von Schilling

Der Tod meines Kindes

Leben lernen mit dem Schicksal

Urachhaus

Aus dem Englischen von Roswitha von dem Borne

CIP-Kurztitelaufnahme der Deutschen Bibliothek
Schilling, Karin von:
Der Tod meines Kindes : leben lernen mit
d. Schicksal / Karin von Schilling.
[Aus d. Engl. von Roswitha von dem Borne]. –
Stuttgart : Urachhaus, 1987.
ISBN 3-87838-514-5

ISBN 3 87838 514 5
Umschlaggestaltung Bruno Schachtner, Dachau.
Satz und Druck der Offizin Chr. Scheufele, Stuttgart.

Inhalt

Das Ereignis

Am 9. März 1979, um halb vier Uhr nachmittags, starb mein einziges geliebtes Kind, meine dreizehnjährige Tochter, bei einem schweren Autounfall. Es war ein Frontalzusammenstoß. In dem Wagen befanden sich noch drei weitere Kinder und eine junge Mutter, die sich an diesem Tag erboten hatte, die Kinder von der Schule abzuholen, da das Auto, mit dem sie sonst fuhren, in Reparatur war.

Die junge Mutter, deren eigenes dreijähriges Kind nicht hatte mitfahren wollen, nahm, wohl um abzukürzen, eine andere Strecke als die übliche. Sie und zwei der Kinder waren sofort tot; die beiden anderen, zwei Jungen im Alter von elf und dreizehn Jahren, wurden bewußtlos in das Krankenhaus eingeliefert. Der elfjährige Junge starb drei Tage später, ohne das Bewußtsein wiedererlangt zu haben. Der dreizehnjährige Junge lag zwei Monate in tiefem Koma. Allmählich kam er wieder zu sich, dank der selbstlosen und unermüdlichen Fürsorge der Ärzte und Schwestern und gewiß auch durch die innigen Gebete und liebevollen Gedanken vieler Menschen. Langsam lernte er, seinen Körper wieder zu ergreifen, lernte mühsam, wieder zu sprechen und zu denken und die Dinge rings um sich her zu erkennen. Aber er sah einem Leben als Behinderter entgegen. Oft sagte er später: »Warum durfte ich nicht mit den anderen gehen? Warum mußte ich hierbleiben?«

Die Polizei hatte mich und die anderen Eltern ins Krankenhaus gerufen. Der Telefonanruf kam um vier Uhr. »Es ist ein

Unfall passiert... Kommen Sie bitte, und lassen Sie sich von jemandem begleiten. Es ist sehr schlimm...«

Was mögen all die Mütter durchgemacht haben, denen dasselbe widerfahren ist! Wie oft liest man es in der Zeitung und hat es gleich wieder vergessen: »... Bei dem Unfall wurde ein Kind getötet...«

Das Unvorstellbare, das Unmögliche – jetzt hatte es mich getroffen!

Während mich ein Freund in die Stadt fuhr, flehte ich unaufhörlich in meinem Inneren: »Bitte, liebstes Herz, halte durch! Gleich komme ich, gleich bin ich da, und dann wird alles gut!« Am Eingang zur Unfallstation des Krankenhauses herrschte ganz normaler Betrieb. Wir fragten nach unseren Kindern. Endlich erschien eine Schwester, die wußte, daß zwei der Kinder in dem gegenüberliegenden Zimmer waren. Zwei Jungen. Die anderen seien nicht da.

Wie von ferne hörte ich die Stimme meines Freundes: »Sie ist tot...«

Von diesem Augenblick an war mein Leben verändert. Unwiderruflich. Ein einziger stummer Schrei stieg in mir auf, eine verzweifelte Suche begann, die Jahre dauern sollte.

Nur wenige Freunde aus nah und fern konnten mir in diesen Tagen wirklich Hilfe geben. Viel Liebe, Mitgefühl und gute Gedanken wurden mir entgegengebracht. All dies half ein wenig, aber niemand, so mußte ich erkennen, konnte wirklich ermessen, konnte wirklich begreifen, was geschehen war.

Ich hatte keine außergewöhnlichen Visionen. Ich versuchte nicht, spiritistische Wege zu gehen. Ich hatte einzig und allein Hilfe durch meine lebendige Beziehung zur Anthroposophie oder, anders gesagt, durch meine innere Überzeugung, daß ein ewiger geistiger Kern der Welt und dem Menschen innewohnt. Ich hatte gelernt, mit den Inhalten zu leben, die uns

Rudolf Steiner durch seine Geisteswissenschaft vermittelt hat.

Aus Dankbarkeit gegenüber Rudolf Steiner, mit dessen Hilfe ich innerlich überlebt habe, möchte ich niederschreiben, was ich erfahren habe, damit andere Menschen die Früchte dieser Tage, Wochen, Monate und Jahre, das Leid und die Hoffnung mit mir teilen können.

Die ersten Tage

Von dem Augenblick an, da mir gesagt worden war: »Sie ist tot...«, befand ich mich in einem Zustand, den ich nur als eine Art von Schockbewußtsein beschreiben kann. Ich weinte nicht, ich brach nicht zusammen. Das »Leben« rings um mich her ging weiter. Es war, als schaue ich mir selbst von außen zu, wie ich seltsam vernünftig und gefaßt handelte. Ich war Leiterin von Cresset-House, einer therapeutischen Camphill-Gemeinschaft für geistig behinderte Kinder und Jugendliche in der Nähe von Johannesburg in Südafrika. So war es meine Aufgabe, alle Mitarbeiter zusammenzurufen und ihnen zu sagen, was geschehen war. Ich hörte mich gleichsam selbst, wie ich für den Abend eine Zusammenkunft verabredete, um gemeinsam etwas zu lesen, zu beten und von ihr, meinem Kind, zu sprechen. Wir wollten ihr unsere ganze Liebe, all unsere guten Gedanken zukommen lassen in dieser ersten Nacht, die sie in einem neuen Dasein weilte.

Es war Freitag nachmittag. Da das Wochenende bevorstand, waren die Kinder unmittelbar vom Krankenhaus in die Leichenhalle überführt worden. Über das Wochenende geschah nichts. Erst am Montag konnte die Identifizierung der Leichen vorgenommen und alles Notwendige für die Bestattungen in die Wege geleitet werden.

Die zwei Tage und Nächte vergingen unendlich langsam.

Obgleich wir in einer größeren Gemeinschaft gelebt hatten, waren Saskia und ich für uns geblieben. Es gab keine Geschwister und auch keinen Ehemann, die ich hätte versorgen müssen oder die mich ihrerseits etwas abgelenkt hätten. Zwei Freunde waren von auswärts gekommen, um mir in diesen schweren Stunden beizustehen.

Mochte ich äußerlich nüchtern und gefaßt wirken, innerlich war ich vollkommen gebrochen. Ich stand gleichsam an einem Abgrund. Die Welt schien nur noch aus einer Bretterwand zu bestehen, die verhinderte, daß ich darüber hinausschaute.

Wir versammelten uns jeden Abend. Mit ihren vielen Freunden und auch mit den behinderten Kindern sprachen wir von Saskia. Und wir übten die Lieder, die wir bei ihrer Beisetzung singen wollten.

Mir war, als ginge ich in einer vollkommenen Leere umher. Denn die Zeit im üblichen Sinn war stehengeblieben. Dieser Zustand hielt noch Monate, ja Jahre an. Selbst als ich meine Arbeit wieder ganz aktiv aufgenommen hatte, änderte sich das nicht.

Wir wechselten uns mit Nachtwachen ab. Obwohl Saskia irgendwo an einem kalten fremden Ort lag, wollten wir ihre Seele doch begleiten und in den ersten drei Nächten mit ihr wachen.

Die ersten drei Tage und Nächte nach dem Tod sind von besonderer Bedeutung. In dieser Zeit erlebt die Seele, die den Körper verlassen hat, eine Rückschau auf ihr vergangenes Erdendasein. In grandiosen Bildern sieht sie ihr Leben vom Ende an rückwärts ablaufen. Alle Menschen, die ihr begegneten, alle Orte, an denen sie weilte, alle Ereignisse, die sie prägten, tauchen nochmals vor der Menschenseele auf. Die ersten drei Tage und Nächte werden in vielen Kulturen heiliggehalten. Erst nach diesem Zeitraum wird die Bestattung vollzogen.

Sie war von uns gegangen. Aber wohin war sie gegangen?

Es muße jetzt eine Entscheidung getroffen werden, wie sie

beigesetzt werden sollte. Sollte sie verbrannt oder in der Erde bestattet werden? Rudolf Steiner sagt dazu, daß es in unserer heutigen Zeit für den Verstorbenen nicht so wesentlich ist, welche Bestattungsweise gewählt wird, wohl aber für die Zurückbleibenden. Saskia war noch ganz Kind gewesen. Sie hatte noch nicht einmal die Erdenreife erreicht. Der plötzliche Tod, durch den sie so gänzlich unvorbereitet aus dem Leben gerissen worden war, mußte ein schrecklicher Schock für sie gewesen sein – so stellte ich mir vor. Jene drei besonderen Nächte in der Kälte der Leichenhalle – ich wußte plötzlich, daß sie es danach nicht würde ertragen können, dem Feuer übergeben zu werden. Ich betete in meinem Herzen, daß es gestattet werden möge, sie auf dem Gelände von Cresset-House unter einem großen Eichenbaum in der Erde jenes Platzes zu begraben, den sie so geliebt und an dessen Aufbau sie auf ihre Weise mitgeholfen hatte.

Ich empfand es als eine Schicksalsgüte, daß wir die Erlaubnis erhielten, sie dort zu beerdigen.

Die Beisetzung sollte am Dienstag stattfinden.

Während der letzten Nacht hielten wir an ihrem Sarg in unserer Halle Wache. Viele Blumen und Kränze schmückten den Raum. Es waren Beweise der Liebe, der Verbundenheit und der Anteilnahme vieler Menschen aus der ganzen Welt. Denn viele hatten Saskia gekannt.

Und als die Stunden der Nacht langsam vorrückten, wurde es mir immer mehr zur Gewißheit: »Sie ist tot. Sie ist von mir gegangen!« Die Worte des Engels, die dieser an die Frauen richtete, als sie an das Grab Christi traten, kamen mir in den Sinn: »Der, den ihr sucht, ist nicht hier...«

Es war nicht gotteslästerlich, so zu denken, nein! Es war wie ein Strohhalm, an den man sich klammert, wenn man nicht mehr aus noch ein weiß.

Sie legten ihren Körper in ein tiefes Grab, das aus der steinharten Erde ausgehoben worden war. Die vielen herrlichen Blumen halfen, die Härte dieses Augenblicks zu lindern. Das Ritual wurde vollzogen. Wir sangen ihre liebsten Lieder. Und dann war es vorbei. Alle gingen weg.

Für mich aber begann die lange, lange Suche nach ihrem Sein. Mir wurde bewußt, daß ich von dem starken, höheren Strom des Lebens getragen wurde. Die Sonne ging auf wie immer. Die Menschen redeten und hantierten in den Geschäften, bevölkerten die Straßen, die Vögel sangen – alles ging einfach weiter. Auch mein Körper lebte weiter und funktionierte – ein Körper wie der ihrige. Der mächtige Pulsschlag des Lebens hielt nicht inne, selbst wenn ich stillstand, selbst wenn die Zeit stillstand wie in einem Traum. Oder war es einfach nur ein Alptraum? Ich würde erwachen und feststellen, daß alles nicht geschehen war! Wir gehen doch alle wie Schlafwandler durch das Leben, sagte ich mir. Ich wollte aufwachen! – Aber wie?

Eine grenzenlose Schwäche überkam mich, physische Erschöpfung. Und dann die erlösenden Tränen. Tiere können nicht weinen, wie viele Schmerzen sie auch ertragen müssen. In der Apokalypse des Johannes hören wir vom Himmlischen Jerusalem, in dem es keine Nacht mehr geben wird, und »die Gottheit selbst wird bei ihnen sein und alle Tränen aus ihren Augen wischen«.

Tränen, welch ein Segen! Jeder Gang zu dem inneren Abgrund, das Gefühl der Hilflosigkeit, das Bewußsein von der Trennung, die grenzenlose Verzweiflung – alles endete in Tränen.

Es mag sein, daß sich eines Tages jede nicht vergossene Träne in eine Perle der inneren Klarheit und Stärke verwandelt. Ich hatte das in dem Buch »Licht auf dem Weg« gelesen, das die Lehren eines großen weisen Mannes enthält.

Mich aber erlösten die Tränen jetzt, sie bewahrten mich davor, innerlich zu erstarren, den Verstand zu verlieren, die Wirklichkeit nicht mehr unterscheiden zu können.

Doch – Tränen allein werden nicht helfen.

Was konnte ich tun. Tun für *sie*?

Die Suche

Hier begann der lange, einsame Weg. Die Menschen um mich her vermieden es, mit mir über alles zu sprechen, obwohl sie sicher großes Mitgefühl hatten. Vielleicht wußten sie aber auch nicht, was sie sagen sollten. Manche schauten sogar lieber weg, wenn sie mich sahen.

Dabei hatte ich kein größeres Bedürfnis, als von Saskia zu sprechen. Ich wollte sie »ins Leben zurückrufen«. Wie schön ist doch eigentlich dieser Ausdruck. Es war so ungeheuer wichtig für mich, mich selbst zu vergewissern, daß sie vor kurzem doch noch ganz wirklich und lebendig gewesen war. Darum kann ich nur raten: Wenn jemand einen lieben Menschen plötzlich durch den Tod verloren hat, dann geht zu ihm und sprecht mit ihm liebevoll von dem Verstorbenen. Vielleicht ist es sogar so, daß ein solches Gedenken nicht nur einem selbst wohltut, daß dieses erinnernde Zurückrufen nicht nur für den Hinterbliebenen wichtig ist? Mir ist es heute ganz klar, daß es für den Dahingegangenen von ebensolch helfender Bedeutung ist, vor allem, wenn er einen plötzlichen, unerwarteten Tod erlitt.

Wir wissen dies von Rudolf Steiner, und seine Darstellungen aufgrund seiner geisteswissenschaftlichen Forschungen wurden in den letzten Jahren vielfach bestätigt durch die Berichte von Menschen, die ins Leben zurückkehrten, nachdem sie schon an der Schwelle des Todes gestanden oder diese gar für kurze Zeit überschritten hatten.[1]

So wissen wir, daß die Seele des Menschen zunächst das gelebte Leben in einer großartigen Schau noch einmal an sich vorüberziehen sieht. Nach drei Tagen löst sich dieses Panorama allmählich auf und geht in die Ätherwelt über. Jetzt beginnt die Seele ihre schauende Wanderung durch das vergangene Erdenleben wie von einer anderen Seite her, wie aus den Seelen anderer heraus. Aus deren Sicht sieht sie ihre Taten und ihre Leiden, um sie nun ganz anders zu bewerten. Dieses moralische Durchleben des Erdendaseins dauert ungefähr ein Drittel unserer irdischen Lebenszeit. In dieser mit Schmerzen verbundenen Zeit der Selbstbeurteilung macht die Seele eine Läuterung durch, die eine Höherentwicklung ermöglicht.

Frühverstorbene Kinder haben in einem geringen Maß ihre Erdenschicksale zu verarbeiten. Wenige sind der Fehler, die sie begangen haben, der Schmerzen, die sie anderen zugefügt haben. Kindesseelen steigen schneller auf durch diese Zeit der Läuterung in die lichten Sphären unseres himmlischen Ursprungs.

In den Wochen der inneren Unsicherheit und Hilflosigkeit greift man nach jeder Darstellung, die einem hilft, Gewißheit zu erlangen über die fortdauernde Existenz des geliebten Kindes. Für kurze Augenblicke mag man Halt finden in den Beschreibungen anderer, in Büchern, die vom Leben nach dem Tod berichten, von Botschaften, die aus dem Jenseits vermittelt wurden, selbst mit Hilfe eines Mediums. Verzweifelt sucht man sich an jedem Strohhalm festzuklammern. Es ist, als ob man wieder und wieder eine Bestätigung suche, um nicht im bodenlosen Abgrund der Unwirklichkeit zu versinken.

Auf meiner Suche nach Hilfe stieß ich auf einige Bücher, die mir sehr viel gegeben haben. Das waren vor allem jene Berichte von Menschen, die Unglücksfälle überlebt hatten. Diese Beschreibungen waren oft nicht leicht zu verstehen, aber ich konnte mit den Vorgängen gewissermaßen »ins Gespräch« kommen, konnte sie in mir bewegen.

Die größte Hilfe jedoch waren wie gesagt für mich die Vorträge Rudolf Steiners. Hier fand ich klare, überzeugende, auf geisteswissenschaftlicher Forschung beruhende Berichte über ein Fortleben der Seele nach dem Verlassen des Körpers. Es wurden Tatsachen mitgeteilt, die denkbar waren. Rudolf Steiner beschreibt bis in alle Einzelheiten den Weg der Menschenseele durch die verschiedenen Erfahrungsräume und die Planetensphären bis zum endgültigen Übergang in die Unendlichkeit. Diese Schilderungen enthalten nichts Sensationelles. Sie bieten einem egoistischen, selbstsüchtigen Verlangen keine sentimentale Hilfe. Sie sprechen vielmehr von den Gesetzen des Schicksals, vom Karma des Menschen. Daraus wird zur Gewißheit, daß die Stunde des Todes niemals zur unrechten Zeit eintritt, sondern daß sie sich als klare Folge aus dem Schicksal des einzelnen Menschen zu eben dieser Stunde ergibt.

Besonders wenn der Tod durch einen Unfall eingetreten ist, muß man sich diese Tatsache immer wieder vor Augen führen. Dann lassen sich all die quälenden Fragen nach dem »Warum«, die vergeblichen Beschwörungen des »Wenn« und »Hätte doch...« in Anbetracht der verhängnisvollen Sekunden, in denen ein Unfall geschah, aus einer ganz anderen Sicht betrachten. Rudolf Steiner sagt dazu:

»Wichtig, unendlich wichtig ist, daß wir in unseren Seelen allmählich dieses Gefühl von der waltenden Weisheit der Welt heranziehen, daß wir uns ganz mit diesem Gefühl durchströmen. Wenn dieses Gefühl den Menschen allmählich durchströmt, wird das herauskommen, was uns das Schicksal und alle Schicksalsschläge, die wir ohne dieses Gefühl schwer ertragen, in tiefem echtem Vertrauen auf die waltende Weisheit der Welt wird hinnehmen lassen. Man kann, wenn man die geistigen Welten beobachten kann, in denen die Toten wohnen, oftmals sehen, wie die Toten es am leichtesten haben, wenn diejenigen Menschen, die sie hier zurückgelassen haben auf der Erde, von dieser waltenden Weisheit der Welt durchströmt sind. Gewiß, es ist begreiflich, wenn wir unsere Toten beweinen, aber wenn wir über das Weinen nicht hinauskommen können, so bedeutet das doch einen Zweifel an der waltenden Weisheit der Welt, und der, welcher hineinschauen kann in die geistigen Welten, weiß, daß der Wunsch, der Tote möge nicht gestorben sein, er möchte da sein und nicht in der geistigen Welt, den Toten am meisten beirrt. Wir erleichtern dem Toten ungeheuer sein Leben nach dem Tode, wenn wir es zuwege bringen, wirklich uns in unser Schicksal zu fügen und an den Toten so zu denken, daß wir wissen, die waltende Weisheit hat ihn uns in der rechten Stunde nehmen wollen, weil sie ihn auf anderen Gebieten des Daseins braucht, als hier das Erdendasein ist. Viel wird davon abhängen, daß in der Zukunft die Menschen gewiß nicht minder, sondern mehr helfend in all dasjenige eingreifen, was auch physisches Menschenleid auf der Erde ist, aber daß sie sich klar sind, daß es ein Wirken des Karma ist, und daß durch dieses Karma, wenn einmal über den Angehörigen der Tod verhängt ist, dies eine Notwendigkeit war. Das wird niemand hindern, solange irgend ein Mensch lebt, alles zu tun, wenn er richtig gesinnt ist, was zu tun ist. Aber wir dürfen gewissermaßen als Menschen nicht hinausdenken über das, was uns als Menschen zugeteilt ist, wir müssen uns klar sein, daß die waltende Weisheit der Welt eben doch weiser ist als wir. Das alles, was ich jetzt sage, ist banal und trivial, aber oft so wenig verbreitet in unserer Zeit. Unendliches Glück würde über Lebende und Tote kommen, wenn es mehr verbreitet würde, wenn es einziehen würde als eine Gesinnung in die Seelen der Menschen, und wenn die Menschenseele an die Toten wie als an Lebende denken könnte, an ihre Verwandlung des Lebens denken könnte und nicht daran, daß sie ihr genommen worden sind.

Und wenn man ein wenig auf diese Zusammenhänge zwischen physischer und geistiger Welt hinschaut, dann zeigt sich in der mannigfaltigsten Art, wie die eine Welt innig mit der anderen zusammenhängt, und wie die Verhältnisse auch der physischen Welt nur klar werden, wenn man sie im Licht der geistigen Welt betrachten kann. Würde es uns in bezug auf irgend etwas, was uns in der physischen Welt passiert, gelingen, die geistigen Untergründe irgendeines Schicksalsschlages oder eines Vorfalles immer zu finden, so würden wir immer die Sache durchschauen und verstehen und das, was am traurigsten erscheinen kann, aus der Weisheit der Welt heraus verstehen lernen. Das muß immer wieder und wieder betont werden. Das ändert natürlich nicht, daß manches uns tiefes Leid bereiten kann, aber es ändert das, daß wir nicht in unserem Leid versinken und uns dadurch gleichsam im Leid auch egoistisch zusammenziehen und uns der Welt entziehen, was wir eigentlich nicht sollten. Und manches andere noch hängt damit zusammen. Gerade bedeutungsvolle Vorgänge lehren uns, wie falsch der Ausspruch ist, daß man sich eigentlich nicht zu kümmern brauche während des physischen Erdenlebens um das geistige Leben. Denn unendlich wichtig ist das Hineinragen spiritueller Vorstellungen, spiritueller Empfindungen und Gesinnungen in das physische Erdenleben... Gerade konkrete Betrachtungen zeigen uns so recht deutlich, wie wahr das ist, was ich gesagt habe.«[2]

Ich las diese Worte wieder und wieder.
Während ich dies schreibe, wird mir aber auch klar, daß die Art und Weise, Hilfe zu finden, gewiß für jeden Menschen verschieden ist. Selbst die drei Elternpaare, die von demsel-

ben Unglück betroffen waren, mußten jeder für sich nach einer Antwort suchen, wenn sie einen Sinn finden wollten in dem, was geschehen war.

So versuche ich hier zu zeigen, wie ich Hilfe fand. Vielleicht mag das dem einen oder anderen Menschen, der sich in derselben Situation befindet, den Weg weisen, der seinem inneren Suchen entgegenkommt.

Wer den Verlust eines geliebten Menschen erlebt hat, kennt jenen verzweifelten inneren Schrei: »Wo bist du? Wie kann ich dich erreichen? Wie kann ich wissen, *daß* ich dich erreiche und daß auch du mich erreichst? Was kann ich für dich tun?«

Menschen, die tief im Glauben verankert sind, finden vielleicht Hilfe im Gebet. Andere aber, die keine Gebete und Sprüche kennen und die nicht wissen, an wen sie sie richten sollen, werden es schwer haben. Der Tod als Erfahrung hat etwas zu Endgültiges. Er ist unerbittlich und schrecklich.

Irgend jemand sagte zu mir: »Du mußt versuchen, ganz ruhig zu werden. Ganz still in dir...«

Das ist wahr. Das hilft. Man wird dabei gewahr, daß man sonst nur in seinen eigenen Gefühlen lebt, in den Selbstvorwürfen, dem anderen zuweilen Unrecht getan oder ihm gegenüber versagt zu haben; man kann sich nicht dazu durchringen zu akzeptieren, was geschehen ist, innerlich loszulassen. Das aber läßt wenig Raum für eine subtilere Wahrnehmung des »anderen«, ja, es blockiert geradezu diese Möglichkeit einer Erfahrung, die aus einer offenen, gelösten Haltung heraus erwachsen kann.

Aber dieser Schmerz ist auch gerechtfertigt! Wir müssen ihn fühlen. Rudolf Steiner spricht das in der folgenden Weise aus:

»Nun ist ein großer Unterschied zwischen den Toten, je nachdem eine Seele durch die Pforte des Todes verhältnismäßig früh geht oder in späteren Jahren. Ob junge Kinder dahinsterben, die uns gerne gehabt haben, oder ob uns als jüngeren Leuten ältere dahinsterben, ist ein großer Unterschied. Wenn man nach den Erfahrungen mit der geistigen Welt diesen Unterschied charakterisieren will, so könnte man es etwa in der folgenden Weise tun. Wenn junge Kinder dahinsterben, so ist das Geheimnis des Zusammenseins mit den Kindern, die gestorben sind, dadurch auszusprechen, daß man sagt: Geistig betrachtet verliert man eigentlich diese Kinder nicht. Sie bleiben geistig da. Kinder, die früh im Leben sterben, sind eigentlich wirklich in hohem Grade immer geistig unmittelbar da. – Wir werden gleich näher auf die Sache noch eingehen. Ich möchte als Meditationssatz vor Ihre Seelen hinstellen, den man weiter durchdenken kann, daß Kinder, wenn sie uns hinsterben, für uns nicht verloren sind; wir verlieren sie nicht, sie bleiben geistig immer da. Und bei älteren Leuten, die hinsterben, kann man das Umgekehrte sagen. Da kann man sagen: Sie verlieren uns nicht. Kinder verlieren wir nicht, und ältere Leute verlieren uns nicht. Ältere Leute, wenn sie hinsterben, haben nämlich eine große Anziehungskraft zu der geistigen Welt, aber sie haben dadurch auch die Macht, so hineinzuwirken in die physische Welt, daß sie an uns leichter herankommen. Sie entfernen sich zwar viel mehr als die Kinder, die bei uns bleiben, von der physischen Welt, aber sie sind mit höheren Wahrnehmungsfähigkeiten ausgestattet als die Leute, die jünger sterben. Sie behalten uns. Wenn man mit verschiedenen Seelen in der geistigen Welt bekannt wird, ob sie jung oder alt gestorben sind: die älter Gestorbenen, die leben dadurch, daß sie die Kraft haben, in Erdenseelen leichter einzudringen, die verlieren die Erdenseelen nicht; und die Kinder, die verlieren wir nicht, die bleiben mehr oder weniger in der Sphäre des Erdenmenschen.

Das kann man auch noch an etwas anderem charakterisieren. Sehen Sie, auch für das, was der Mensch so mit seiner Seele auf dem gewöhnlichen physischen Plane erlebt, hat er ja nicht eigentlich immer die ganz tiefen Empfindungen. Wenn uns Menschen hinsterben, so haben wir Trauer; Schmerz empfinden wir darüber. Ich habe oftmals gesagt, gerade wenn uns selber gute Freunde aus der Gesellschaft gestorben sind: Anthroposophisch orientierte Geisteswissenschaft hat nicht die Aufgabe, in schaler Weise die Leute über den Schmerz zu trösten, ihnen den Schmerz auszureden. Schmerz ist berechtigt, man soll stark werden, ihn zu tragen, aber man soll ihn sich nicht ausreden lassen. Aber man unterscheidet mit Bezug auf den Schmerz nicht danach, ob man diesen Schmerz über den Hingang jung Verstorbener oder den Hingang älterer Menschen hat. Und dennoch, geistig gesehen ist da ein großer, großer Unterschied. Man kann sagen: Derjenige, der hier als Hinterbliebener ist, hat mit Bezug auf Kinder, die ihm hinweggestorben sind, seien es seine eigenen oder solche, die er sonst geliebt hat, er hat, wenn ich es technisch sozusagen ausdrücken darf, einen gewissen Mitgefühlsschmerz. – Kinder bleiben eigentlich bei uns, und dadurch, daß wir mit ihnen verbunden waren, bleiben sie uns so nahe, übertragen sie ihren Schmerz auf unsere Seelen, und wir fühlen ihren Schmerz, daß sie noch gerne da wären. Dadurch wird ihnen der Schmerz leichter, daß wir ihn mittragen. Eigentlich fühlt das Kind in uns. Es ist gut, wenn es mit uns fühlen kann, dadurch wird ihm sein Schmerz erleichtert. Dagegen kann man den Schmerz, den wir empfinden, wenn ältere Menschen dahinsterben, seien es die Eltern oder auch Freunde, einen egoistischen Schmerz nennen. Der älter Gestorbene, der verliert uns nicht, er hat daher auch nicht das Gefühl, das der jung Verstorbene hat. Er behält uns, er verliert uns nicht. Wir hier im Leibe, wir haben das Gefühl, daß wir ihn verloren haben; daher geht der Schmerz nur uns an. Es ist ein egoistischer Schmerz. Wir fühlen nicht sein Gefühl wie bei den Kindern, sondern fühlen den Schmerz für uns.

Man kann wirklich diese zwei Arten des Schmerzes sehr genau unterscheiden: egoistischer Schmerz älteren Leuten gegenüber, Mitgefühlsschmerz für jüngere Leute. Das Kind lebt in uns weiter, und wir fühlen eigentlich, was das Kind fühlt. So richtig mit unserer eigenen Seele traurig sind wir nur den älteren Dahingestorbenen gegenüber. Dies ist nicht bedeutungslos.«[3]

So ist also der Schmerz, den wir beim Tod eines Kindes fühlen, ein anderer als der um einen älteren Menschen. Der Schmerz um das Kind ist *sein* Schmerz, es ist seine Seelennot, denn es würde so gern noch leben.

Das warf in mir viele Fragen auf. Wie kann ein geistig-seelisches Wesen, das frei von physischen Sinnesempfindungen ist, Schmerzen erleiden? Ist es nicht aufgenommen in das ewige Reich der Weisheit und Liebe und versteht alle Dinge, selbst den Sinn seines Todes?

Allmählich begann ich jedoch zu begreifen, daß es in der Tat einen Unterschied gibt zwischen Seele und Geist. Wie oft im Leben geschieht es, daß wir, tief in unserem Inneren, genau wissen, daß dies oder jenes geschehen mußte und daß es so, wie es kam, richtig war. Oder daß wir genau wissen, daß wir etwas Bestimmtes tun müssen, obwohl es schmerzlich für uns ist. Unser Geist ist es, der weiß! Die Seele folgt diesem unabänderlichen Drang oft nur zögernd und mit Qualen.

So muß es denn auch für die Seele eines Kindes sein, das aus dem Leben gerissen wurde; das so vieles noch gern getan hätte, das noch erfüllt war von der Sehnsucht, heranzuwachsen und die Fülle des Lebens auf Erden zu erfahren, ihre Farben, ihre Reichtümer, ihre Freuden und Geheimnisse zu erleben – und all dessen ist es plötzlich beraubt.

Die Seele unseres Kindes ist der unseren so nah! Sein Schmerz ist unser Schmerz, sein Leiden ist unser Leiden.

Diese Erkenntnis vermag unseren Kummer in aktive, mitfühlende Liebe zu verwandeln. Wir können wieder einmal unsere Arme öffnen – unsere Herzen – und unser Kind darin aufnehmen. Wir können es trösten in seinem Schmerz.

Es mag sein, daß wir nach den geeigneten Worten suchen müssen, weil wir fühlen, daß unsere gewöhnliche Sprache dafür zu einfach ist. Ich aber meine, daß man weiterhin ganz normal mit seinem Kind »sprechen« kann. Man kann es ruhig in Gedanken bei der Hand nehmen und innerlich zu ihm sagen: »Komm, wir wollen spazierengehen« – oder: »Sieh nur, was für ein schöner Tag heute ist!« Oder aber auch: »Liebes Kind, vergib mir, aber ich muß weinen...«

Erlaube der Seele des Kindes, mit dir zu leben, denn da du seine Mutter bist, wird es nach der innigen Verbundenheit mit dir streben. Niemand steht ihm so nahe wie du. Es ist durch die Bande des Schicksals mit dir verknüpft. Das Leid, das du durchmachst, ist euer *gemeinsames Schicksal*.

Man kann aber auch wirklich etwas *tun*. Denn da gibt es noch die Nächte.

Tagsüber sind wir getrennt, weil der Körper uns, die sogenannten Lebenden, auf unsere äußeren Sinne beschränkt. Der Körper ist feineren Wahrnehmungen im Weg. Aber während der Nacht, dessen können wir gewiß sein, befinden wir uns in der Welt, in der unser geliebtes Kind weilt. Besonders während der ersten Wochen und Monate nach dem Tod können wir sicher sein, daß wir einander begegnen, daß wir zusammen sind.

Es mag sein, daß man sich am nächsten Tag nicht daran erinnert, weil unser gewöhnliches Bewußtsein und unser Erinnerungsvermögen nur auf die Erfahrungen in der physisch-sinnlichen Welt gerichtet sind; das müssen wir akzeptieren.

Aber wenn wir schlafen gehen, sind wir einander so nahe! Das Einschlafen kann von dem Wunsch, von der Bitte begleitet sein: »Laß uns zusammen sein, laß mich dich finden!« Und wir können unsererseits Geschenke mitnehmen: liebende Dankbarkeit, Bilder von schönen Eindrücken, Arme voller Rosen in unserer Seele. Zuweilen spiegeln die Träume unser Zusammensein wider. Wohl mögen ihre Bilder ganz irdisch sein, aber sie sind wie die Kleider eines Menschen: das Wesentliche ist darin verborgen. Wir erwachen voller Frieden, fühlen uns vielleicht sogar bis zu einem gewissen Grad erquickt, sind ruhig geworden – um freilich dann der herzzerreißenden Tatsache der irdischen Trennung von neuem ins Auge sehen zu müssen.

Die Nächte aber gewinnen eine ganz neue Qualität. Früher waren sie vielleicht einfach geruhsam, ein gewissermaßen unausgefüllter Bestandteil des Lebens, über den man wenig nachdachte. Jetzt werden sie ein ganz eigenes Reich von größter Bedeutung. Vielleicht merken wir, daß ein schmerzstillendes Medikament oder eine Schlaftablette unsere Wahrnehmungsfähigkeit trüben. Bei mir war das eindeutig der Fall. Ich habe nur einmal eine Schmerztablette genommen, als ich Kopfweh hatte, und erinnere mich, daß ich Stunden brauchte, bis ich wieder klar denken konnte. Es war, als wäre in mir ein schwerer Vorhang niedergegangen, der alle feineren Wahrnehmungen ausschloß und mich in einen nebelhaften Zustand versetzte.

Ja, man lernt es, mit seiner Seele zu leben, denn mit ihrer Hilfe kann man sich gleichsam ausweiten und versuchen, das Kind zu begleiten, das von einem gegangen ist – oder das vorausgegangen ist.

Jede Mutter wird für sich die Worte finden, die ihr gemäß sind und mit denen sie sich an *ihr* Kind richtet. Ich möchte hier einige Sprüche und Gebete von Rudolf Steiner mitteilen für diejenigen, die nach Hilfe suchen. Sie können in der Folge innerlich aufgenommen werden, je weiter sich das unmittelbare Todesereignis zeitlich entfernt, oder eben so, wie es dem persönlichen Empfinden gut erscheint.

Göttliches in meiner Seele
Dir will ich Raum geben
In meinem bewußten Wesen;
Du bindest mich an alles,
Was Schicksals Macht mir zugebracht.
Du lösest mich nimmer
Von dem, was zu lieben
Du mir geschenkt:
Dein Geist wache über das Meine
Denn es ist auch das Deine:
So will ich wachen mit Dir.
Durch Dich, in Dir,
Was Du beschlossen mit dem Deinen.
Ich will stark sein, zu erkennen,
Daß es Weisheit sei.

Gottes Weisheit ordnet die Welt,
Sie ordnet auch mich;
Ich will in ihr leben.

Gottes Liebe wärmet die Welt,
Sie wärmet auch mich;
Ich will in ihr atmen.

Gottes Kraft traget die Welt.
Sie traget auch mich;
Ich will in ihr denken.

Hilfe, die wir geben

Wenn ein Kind stirbt, mag eine Mutter so wie ich fühlen und fragen: »Wer sorgt jetzt für dich?« Es ist zwar in einer Weise verständlich, daß ein gelehrter Mann, dem ich diese Sorge anvertraute, mir antwortete, daß dies ein törichter Gedanke sei. Und doch bedarf es vieler Jahre, um ganz zu begreifen und zu wissen, daß das Kind ja auch schon existierte, bevor es in unsere Obhut kam. Es war wohlbehütet und wurde in seine Inkarnation hineingeführt. Und mit einemmal wird uns bewußt, daß wir alle unter dieser Obhut stehen. Ob in dieser oder in einer anderen Welt, allein, ohne diese Obhut könnten wir nicht existieren. Wenn wir uns diese Tatsache einmal klarmachen, wird deutlich, daß es sicher nicht nur unser eigener Wunsch ist, etwas für das verstorbene Kind zu tun, es weiterhin zu umsorgen und ihm zu helfen, sondern daß es vielleicht gerade das Kind ist, das in unserer Seele um Hilfe ruft. Was können wir also für es tun?

Vor allem dürfen wir es niemals vergessen! Wir dürfen nicht einmal den Versuch machen, zu vergessen oder den Gedanken daran von uns zu schieben. Wer wollte schon vergessen werden, und wenn er eine Reise bis ans Ende der Welt machte! Wir existieren doch nach dem Tod weiter, auch wenn wir den äußeren Sinnen nicht mehr wahrnehmbar sind.

Rudolf Steiner berichtet, daß es für die Seele nicht leicht ist, sich in der neuen Umgebung zurechtzufinden, in die sie nach dem Tod eintritt. Besonders bei einem plötzlichen Tod sieht sie sich ohne Vorankündigung oder gar Vorbereitung in eine

Welt versetzt, in der es keine physische Sinnes-Realität mehr gibt. Die Sinnesorgane, die ihr die irdischen Erfahrungen vermittelten, sind mit dem physischen Leib zurückgeblieben, den sie abgelegt hat und der nun dem Verfall anheimgegeben ist. Was ihr geblieben ist, sind allein die Erinnerungsbilder. Sie tauchen vor ihr auf und helfen ihr, sich selbst als individuelles Wesen wiederzuerkennen.

Diese Erinnerungsbilder sind von einer Substanz, die Traumbildern sehr ähnlich ist. Sie sind nicht hart und konturiert, sie erscheinen vielmehr fließend und strömend in dem wahrnehmenden Bewußtsein, um dann wieder zu verschwinden; es beginnt mit bruchstückhaften Fetzen, losgelöst wie dahinziehende Wolkengebilde. Hier können wir helfen. Wir können helfen, diese Bilderfetzen zusammenzufügen, indem wir uns selbst liebevoll all das in die Erinnerung zurückrufen, was wir gemeinsam erlebt haben. Wir können die Lebensspur des Kindes zurückverfolgen, klare Bilder formen, sie vor uns aufsteigen lassen, sie miteinander verbinden. Wir können uns auch hinsetzen und die Lebensgeschichte des Kindes aufschreiben, indem wir sie rückwärts verfolgen, so, wie es das jetzt selbst erlebt. Dabei können wir hier und da einen guten Gedanken, eine liebevolle Botschaft hinzufügen. Es blieb ja so vieles ungesagt und unverstanden!

Wenn man dies tut, kann man der Kindesseele wirklich eine Hilfe geben. Sie hat sich ja jetzt in der neuen Umgebung zurechtzufinden. Für uns selbst wiederum kann es ein großer Trost sein, zu wissen, *daß* wir etwas tun können.

Sicher steigen zuweilen Zweifel auf: »Mache ich mir nicht selbst etwas vor? Wie kann ich wissen, daß ich mein Kind wirklich erreiche?«

Der folgende Text hat mir bei solchen Gedanken oft geholfen:

»Und es ist wirklich so, daß dasjenige, was sich hier angesponnen hat auf Erden von Seele zu Seele, in der Familie, unter Menschen, wo wir uns gefunden haben dadurch, daß wir uns in physischen Menschenleibern begegnet sind, wir uns dadurch aber auch als Seelen gefunden haben, es ist so, daß wir das alles, was wir hier auf Erden gefunden haben, dann abgelegt haben; was wir erleben als Liebende, was wir erleben als Freunde, als uns sonst nahestehende Menschen, was wir erleben durch unsere physischen Erfahrungen im physischen Leibe, das streifen wir ab, das legen wir ab, ebenso wie wir diesen physischen Leib selber ablegen. Aber dadurch, daß wir hier Verhältnisse des Familienhaften, der Freundschaft, der Liebe entwickelt haben, pflanzt sich das geistig fort durch die Pforte des Todes hinein in jene Geist-Erlebnisse, die ein späteres Leben aufbauen. Und wir arbeiten nicht nur für uns allein, sondern wir arbeiten – sogar schon in der Zeit, wo wir die moralische Beurteilung unseres vergangenen Lebens haben – mit den Menschenseelen zusammen, die uns hier wert und lieb geworden sind in der Welt. Das alles wird durch exakte Clairvoyance und durch ideelle Magie nicht nur etwas, was dem Glauben unterliegt, sondern es wird eine wirkliche Erkenntnis. Es dringt herein in das unmittelbare Anschauen des Menschen. Ja, wir können sogar sagen: Hier in der physischen Welt ist ein Abgrund zwischen den Seelen, auch wenn sie sich noch so lieb haben, denn sie begegnen sich innerhalb ihrer Körperhaftigkeit, und sie können nur in solche Wechselverhältnisse treten, die durch körperliche Beziehungen vermittelt sind. Aber wenn der Mensch selber in der geistigen Welt ist, dann ist nicht einmal das der Fall, daß der physische Leib, der hier einem zurückgelassenen geliebten Wesen eigen ist, ein Hindernis ist, um mit seiner Seele zusammen zu leben. So wie man sich aneignen muß für das Hineinschauen in die geistige Welt die Fähigkeit, durchzuschauen durch irdische Gegenstände, wie ich es geschildert habe, so hat derjenige, der durch die

Pforte des Todes gegangen ist, Gemeinschaft durch den Körper hindurch mit den Seelen, die er hier als ihm nahestehende zurückgelassen hat. Er erlebt sie auch noch, solange sie auf der Erde sind, bis zu ihrem eigenen Tode, als Seelen.«[4]

Während der ersten Wochen und Monate, wenn wir mit dieser so plötzlich eingetretenen großen Leere und Stille fertig werden müssen, ist es gut, einen gewissen Lebensrhythmus zu finden, in dem wir uns zeitweise dem geliebten Wesen widmen können. Am Morgen, nach der Rückkehr aus dem Schlaf, wenn noch keine lebhaften Tageseindrücke auf uns eingestürmt sind, können wir es ganz bewußt mit in unseren Tag hineinnehmen. Immer wieder können wir ihm – und uns selbst – unsere neue Beziehung, unseren tiefen Schmerz vergegenwärtigen. Es ist so wichtig, sich immer von neuem diesen inneren Seelenfrieden zu erringen, um den ungeheuren Abgrund zu überwinden. Denn was wir fühlen und empfinden, das fühlt unser Kind unmittelbar mit.

Es kann wohl unsere äußere physische Erscheinung nicht mehr wahrnehmen, aber es empfindet, ob unsere Seele verdunkelt ist oder ob sie gefestigt und klar, ja, bis zu einem gewissen Grad erleuchtet ist. Wir beachten diese Seelenzustände eigentlich immer viel zu wenig. Alle äußeren Eindrücke sind stets so vorherrschend. Wenn wir aber einmal versuchen, dieses äußere Erscheinungsbild außer acht zu lassen, dann können wir ganz feinfühlig werden für die Farbigkeit und die Beweglichkeit des Seelischen. In seiner »Theosophie« spricht Rudolf Steiner von dem Erlebnis des aus weiter Ferne kommenden Sehnens und Seufzens.

Wenn wir unserem Kind besondere Gaben mitbringen möchten, dann können wir ihm von etwas Schönem berichten, das wir gesehen haben; vielleicht ist es uns aber auch klar geworden, daß es etwas mehr über die Bedeutung des Christentums erfahren sollte, nachdem es so jung fortgehen mußte, zu früh, um sich selbst schon genügend darüber angeeignet zu haben. Wir müssen versuchen, von all dem Bilder in unserer Seele erstehen zu lassen. Denn es geht nicht einfach darum, ihm etwas zu erzählen oder vorzulesen. In Gedanken müssen wir versuchen, zum Beispiel das Geschehen der Bergpredigt, der Speisung der Fünftausend oder der Verklärung auf dem Berge ganz bildhaft vor uns hinzustellen. Das bedarf freilich einer großen Anstrengung, denn wir sind es nicht gewohnt, solche Dinge zu tun. Unser gewöhnliches Verstandesdenken ist zu intellektuell, zu formlos, zu farblos.

Es gibt so vieles, was unser Kind noch gern erfahren, gelernt, getan hätte. Ein schöner Spruch von Maria Reimann kann deutlich machen, wie wir versuchen können, seiner Seele weiterhin durch uns Erfahrungen zu vermitteln, wenigstens noch eine Weile. Er kann uns anleiten, gewisse Erlebnisse zu suchen, andere vielleicht auch zu meiden.

Meine Augen mögen Dir, geliebte Seele, Fenster sein:
Daß durch sie Du schauest Erdenwesens Schönheit.
Meine Ohren mögen Dir, geliebte Seele, Tore sein:
Daß durch sie Du hörend eintauchst in der Ätherwesen
    webend Reich.

Wenn Du durch mein Auge schauest Erdenwesen,
Lausche ich durch Dich nach oben in den Gang der Sterne.
Wenn Du durch mein Horchen eintauchst in des Lichtes
    Ätherweben,
Schau ich durch den Spiegel Deiner Seele
Mit dem innern Auge in das Reich der Engel.
Und das Hüben und das Drüben
Finden sich in liebendem Vereinen,
Wenn die Sonne in der Mitte,
Wenn die Liebesflamme opfernd glüht.

Auf diese Weise kann wirklich ein feines Hin- und Herweben entstehen. Unser Kind kann durch unsere Seele, durch unsere Augen und Ohren noch Erfahrungen machen. Rudolf Steiner spricht davon, daß es für die Toten, wenn wir ihnen dieser Art Gedanken nach drüben senden, so ist wie für uns auf der Erde das Musik- oder Kunsterleben. Es bereichert ihr Dasein und macht es farbig-lebendig.

Und *wir* sind es, die all das tun können; wir, die wir als die Eltern unseres Kindes so innig mit ihm verbunden sind. Andere Menschen kann es aus dem Jenseits gar nicht so leicht wahrnehmen. Darum ist uns damit eine wirkliche Aufgabe gestellt, weil nur wir seine Bedürfnisse stillen können. Nur zu gern werden wir diese Aufgabe übernehmen! Wir müssen nur davon wissen und uns über ihre Notwendigkeit im klaren sein.

Gemeinsam mit unserem Kind müssen wir allmählich die Verzweiflung, den Schmerz, den unabänderlichen Verlust verwandeln. Gemeinsam müssen wir lernen zu verstehen, was geschehen ist.

Wenn wir das versuchen, können wir unserem Kind eine unschätzbare Hilfe sein. Wir müssen durch das Leid ganz hindurchgehen, es ist notwendig, daß wir trauern, daß wir den Dingen ihre Zeit lassen, denn, wie ich schon sagte, es ist des Kindes Schmerz, den wir mittragen. Gerade jetzt müssen wir ihm beistehen und dürfen es nicht belasten mit *unserer* Verzweiflung, mit dem Kummer um *unseren* Verlust, mit der inneren Auflehnung gegen das Schicksal. Es gibt nur eines, das den Abgrund überbrücken kann, das fortdauern wird angesichts der tiefsten Verzweiflung, der Not und der Qualen – und das ist die Liebe. Kein Gedanke, keine Theorie, kein Glaube, keine Erklärung – nur Liebe. Die Liebe wird ihnen allen den Weg ebnen, damit sie folgen: die Gedanken, der Glaube, das Verstehen und das Annehmen des Schicksals.

Nimm deine Liebe und lege sie in einen Spruch oder in ein Gebet, das dein Kind vielleicht gut gekannt hat, oder rufe dir lebhaft ein Erlebnis in Erinnerung, das ihr gemeinsam gehabt habt, ein Spiel, ein Gespräch, einen kostbaren Augenblick an einem glücklichen Ferientag, etwas, das ihr noch zusammen tun wolltet – und durchlebe diese Vorstellung intensiv. Dann kannst du hoffen, dein Kind zu treffen.

Was du tagsüber tust, vielleicht zu bestimmten Stunden, das wird in das leibfreie Zusammentreffen während der Nacht hinübergetragen werden und wird ein Geschenk sein, eine Freude, eine Hilfe auf dem Weg. Nimm deinem Kind jede Nacht »eine Schale voll Rosen« mit. Aber siehe darauf, daß du nur solche Dinge mit zu ihm hinübernimmst, die seinem jetzigen Dasein angemessen sind. Das sind Gedanken und Gefühle, die von einem selbstlosen Geist erfüllt und von Christus durchdrungen sind.

Hinüberreichen

Anfangs verwirrte es mich, ja es störte mich bis zu einem gewissen Grad, daß Rudolf Steiner in seinen Sprüchen häufig nicht das unmittelbare »du« oder »ich« benutzt, sondern vielmehr »wir« und »sie« sagt. Die Beziehung zu meinem Kind hatte nur zwischen ihm und mir bestanden; es hatten keine anderen Menschen dazu gehört. Alles war mein gewesen. Erst allmählich und nur ganz langsam vermochte ich die Lehre anzunehmen, die in den folgenden Worten enthalten ist:

> Unsere Liebe folge Dir,
> Seele, die da lebt im Geist,
> Die ihr Erdenleben schaut;
> Schauend sich als Geist erkennt.
> Und was Dir im Seelenland
> Denkend als Dein Selbst erscheint,
> Nehme unsere Liebe hin,
> Auf daß wir in Dir uns fühlen,
> Du in unserer Seele findest,
> Was mit Dir in Treue lebt.

Trennung gibt es nur in der physischen, in der materiellen Welt. Nur für diese Welt trifft es zu, daß da, wo ein Ding ist, kein anderes mehr sein kann.

In der geistigen Welt gibt es eine solche Trennung nicht. Gedanken und Gefühle vermischen sich, sie scheinen sich aus dem Nichts zu erheben wie schwebende, dahintreibende Wolkengebilde oder wie Ströme von Wärme und Wind.

Die andere Seele gehört uns nicht wie ein Besitztum. Wir können versuchen, nach ihr Ausschau zu halten, sie zu suchen in der Hoffnung, sie zu erreichen, aber wir können sie niemals fassen, halten oder sie gar zwingen, ausschließlich bei uns zu verweilen.

Für mich war dies eine langwierige und zuweilen sehr schmerzliche Lehrzeit; ich mußte mich dem ergeben, um später meine Seele weit zu öffnen. Im Grunde trifft dies genau so für das Miteinanderleben auf der Erde zu, wenngleich wir hier auch häufig über diese Tatsache hinweggetäuscht werden durch jene materialistische Einstellung, die sich an das Körperliche festklammert.

Allmählich geht der verzweifelte Versuch, den anderen dort im Reich der Körperlosigkeit festhalten zu wollen, der unstillbare Wunsch, sich seiner Existenz dort zu vergewissern, über in eine Geste des Gebens, in eine Opferhaltung. Die Hände formen sich gleichsam wie eine Schale nach oben, statt greifen zu wollen.

Nach und nach nimmt man demütig sein Schicksal an und begreift aus der Tiefe des Herzens, daß *alles* liebevolle Gedenken, von wem auch immer es hinübergesandt wird, sich für den geliebten Toten als Hilfe und Stütze, als Licht und Bereicherung erweisen kann. Man gibt den eigenen Strom der Liebe in den Strom von *unserer* Liebe, und man lernt zu erkennen, daß die Seele dessen, der aus der physischen Welt dahingegangen ist, uns wie eine Sphäre umgibt, in die wir vielleicht Eingang suchen können. Dabei müssen wir sehr behutsam sein, weil Gedanken und Gefühle, eben die Seelenkräfte, dort auf dieselbe Weise wirksam sind wie Taten in der physischen Welt. Es ist für die geliebte Menschenseele und für uns gleichsam eine erweiterte Daseinssphäre, ein *in uns* geschaffener Raum, wie ein Kelch, wie Hände, die sich öffnen, um etwas zu empfangen – so daß sie in uns und um uns

35

ist. Wir müssen die Bereitschaft aufbringen, sie in ihrem Sein anzuerkennen; wir müssen unsere Gedanken mit geistiger Nahrung, mit durch Gebete erzeugtem Licht für sie erfüllen, so daß ihr Engel und schließlich der Christus sie führen und ihren Weg erleuchten mögen... dort, wo wir dann nicht mehr folgen können, es eines Tages aber tun werden.

Diese innige Verbindung ist wunderbar beschrieben in einem Gedicht von William Penn:

> Die über die Welt hinaus lieben,
> können durch sie nicht mehr getrennt werden;
> der Tod kann nicht töten, was nimmer stirbt,
> noch können die Geister jemals getrennt werden,
> die im gleichen göttlichen Prinzip lieben und leben.
>
> Der Tod ist nur ein Überschreiten der Welt,
> wie Freunde das Meer überqueren;
> sie leben weiter ineinander, sie leben weiter ineinander...

Worte aus dem Johannes-Evangelium oder aus anderen Schriften können für den Wanderer in das Land der Wahrheit, in das Reich des Geistes Nahrung sein, wenn wir sie in unserer Seele leben lassen. Wir sollten unser Kind ganz in unsere herzerwärmten Gedanken aufnehmen und es bitten, bei uns zu sein, wenn wir ihm in Gedanken vorlesen. Das bedarf einer großen Konzentrationskraft, da die Fähigkeit, eine solche Situation innerlich festzuhalten, zunächst sehr begrenzt ist. Unser Wille, der es nicht gewöhnt ist, sich auf das eigene Innere zu richten, ist zu schwach, unsere guten Intentionen längere Zeit hindurch aufrechtzuerhalten. Die Konzentration läßt nach, wir geben vielleicht sogar auf. Rudolf Steiner sagt jedoch einmal, daß er niemals eine Situation erlebt hat zwischen Seelen, die über den Tod hinaus miteinander verbunden waren, in der diese Hilfe nicht mehr nötig gewesen wäre.

Daß aber bedauerlicherweise die Menschen mit der Zeit diese notwendige Hilfe vergessen. Selbst weise und gelehrte Menschen, die auf dem geistigen Weg schon viel weiter fortgeschritten sind, brauchen diese helfende Begleitung noch.

Eine Freundin erzählte mir einmal, daß ihr Vater, eine geistig hochstehende Persönlichkeit, ihr mehrere Jahre nach seinem Tod im Traum erschienen sei und sie gefragt habe, warum sie nichts für ihn getan habe. Sie war der Meinung gewesen, daß er die bescheidenen Hilfen, die sie ihm hätte geben können, nicht benötigte und daß er mit all seinem Wissen leicht in jener anderen Welt aufsteigen würde, über die er zeitlebens so viel geforscht hatte und mit der er in Verbindung gestanden hatte. Die sogenannten »Toten« brauchen uns und wir sie. Wir brauchen ihre Führung, weil ihre Sicht so viel weiter, so viel umfassender ist. Je älter wir werden, um so mehr bevölkert sich das jenseitige »Ufer« mit befreundeten Seelen, die uns vorangegangen sind.

Ein anderer Gesichtspunkt, auf den Rudolf Steiner hinweist, ist der, daß wir, wenn es auch anfänglich von eminenter Bedeutung und ein großer Unterschied ist, ob ein Mensch jung oder im Alter stirbt, nach einer gewissen Zeit nicht mehr die Vorstellung von »jung« oder »alt« haben sollten. Ein Kind war ein Kind für uns, weil es für eine kürzere Zeit mit uns auf der Erde weilte. Das ließ es ein Kind bleiben. Es befand sich noch in einem besonderen Stadium auf seinem Inkarnationsweg und auf seinem Hineinschreiten in die irdische Welt. Aber nachdem dieses besondere Band nun gelöst wurde, ist es auf seinem Weg in die geistige Welt bald kein Kind mehr. Nach dem raschen Durchschreiten der Läuterungszeit ist es ein Wesen, das auf seinem eigenen Pfad der Entwicklung durch die wiederholten Erdenleben weiterschreitet. Jetzt erkennt es so viel klarer, was für den Fortschritt der Menschheit und zum Guten in der Welt notwendig ist. In einem weiteren Spruch von Rudolf Steiner wird das so ausgedrückt:

> Fühlet, wie wir liebend blicken
> In die Höhen, die euch jetzt
> hin zu anderem Schaffen rufen.
> Reichet den verlass'nen Freunden
> Eure Kraft aus Geistgebieten;
> Höret unserer Seelen Bitte
> im Vertraun Euch nachgesandt.
> Wir bedürfen hier im Erdenwerke
> Starker Kraft aus Geisteslanden
> Die wir toten Freunden danken.

Wir können es lernen, uns um Führung und Hilfe an die Verstorbenen zu wenden, indem wir unsere Seelen für ihre Intentionen öffnen.

Die hinterlassenen Dinge

Saskia war ein kräftiges, gesundes, positiv und fröhlich ge-stimmtes Kind gewesen, ganz normal. Sie war genausowenig wie ich überempfindlich und »schwebte« auch nicht »über dem Erdboden«. Sie liebte ihr Leben, hatte an allem, was sie tat, ihre Freude. Sie stand allen Menschen, denen sie begeg-nete, und auch allen Ereignissen überaus offen und tolerant gegenüber; das war eine notwendige und gute Eigenschaft für die Tochter einer Mutter, die beim Aufbau eines Heimes für geistig behinderte Kinder in Südafrika Pionierarbeit geleistet hatte, eine Tätigkeit, die sehr anstrengend ist und hohe An-sprüche stellt.

Ein Charakterzug war es vor allem, der Saskia auszeichnete: Das war ihr Gerechtigkeitssinn, ihre Anständigkeit anderen gegenüber. Was ihre persönlichen Wünsche und Bedürfnisse anging, so war sie äußerst bescheiden. Allen Menschen und Tieren aber brachte sie Warmherzigkeit und liebevolles Inter-esse entgegen.

Nun werden die Kleider und die Spielsachen nicht mehr von ihr gebraucht... Es ist gewiß ein großer Unterschied, ob ein Kind oder ein Erwachsener langsam auf seinen Tod zugeht, vielleicht infolge einer Krankheit, und schließlich endgültig Abschied nimmt, oder ob ein Mensch gänzlich unvorbereitet, unerwartet jäh und grausam mitten aus dem Leben gerissen wird. Wenn das geschieht, dann möchte ich dazu folgendes sagen:

Wir leben nicht nur in unseren Körpern. Unsere häusliche

Umgebung und alles, was wir so besitzen, sind Teil unserer irdischen Hüllen. Sie werden in einer für jeden Menschen einmaligen Art zusammengetragen, geschaffen und ineinander verwoben, wie viele oder wie wenige Besitztümer dies auch immer sein mögen.

Ich meine, man sollte etwas Zeit vergehen lassen – wie lange, das mag jeder für sich entscheiden –, bis man sie weggibt. Das wird natürlich auch von den Gegebenheiten abhängen, sicher aber auch von dem Menschen, der von uns gegangen ist.

Meinem Gefühl nach sollte man diese Hüllen langsam auflösen. Nicht nur, weil man daran hängt, sondern weil es ja auch einige Zeit gedauert hat, bis sie zusammengetragen waren.

Jedes Ding hatte seine Bedeutung im Leben des geliebten Kindes: Man bewahrt sie noch eine kleine Weile auf, vielleicht sogar dort, wo sie immer ihren Platz hatten. Wenn man sie dann zuweilen liebevoll betrachtet, hin und wieder in die Hand nimmt, dann sagen sie vielleicht noch etwas darüber aus, wer der andere wirklich war, welchen Dingen seine besonderen Interessen, seine Neigungen galten, mit was er sich gern in der Freizeit beschäftigte. Da liegen sie nun – besitzerlos, nicht mehr gebraucht, nicht mehr begehrt. Ein Gefühl schmerzhafter Reue steigt auf, daß man sich zu wenig Zeit genommen hat und sich in der Hetze des täglichen Lebens zu wenig dafür interessiert hat, was von Bedeutung gewesen war für den, der nun nicht mehr da ist...

So meine ich, daß man sich mit dem raschen Verteilen, dem Weggeben an andere, dem Aufräumen und hier und da sicher notwendigen Wegwerfen ruhig ein wenig Zeit lassen sollte. Einige Wochen. Es hilft dem anderen nicht, wenn alles zu schnell aufgelöst wird; ebensowenig aber ist es gut, alles jahrelang unberührt zu lassen und eine Art totes Denkmal zu schaffen von dem, was einst belebte Umgebung, farbige, wandelbare Hülle war.

Für die dahingegangene Seele würde es sicher etwas bedeuten, wenn wir die von ihr so geschätzten kleinen Besitztümer liebevoll gemeinsam betrachteten; das mag ein geliebtes Stofftier, der Tennisschläger sein, oder aber einige wegen ihrer Schönheit in den Ferien gesammelte Muscheln, die Erinnerungen wachrufen an einen glücklichen Strandspaziergang. So wie wir all diese Dinge sehen, sind sie Meilensteine auf dem Weg, den die geliebte Seele nun zurückgeht bis zum Anfang ihres Lebens.

Auch die Schulhefte verdienen eine liebevolle Betrachtung. Wieviel Arbeit und Anstrengung, manchmal sicher Mühe, aber auch freudiger Stolz sind in sie hineingeflossen! Es gibt sicher wenig andere Dinge, denen unser Kind eine solch hingebungsvolle, beständige Aufmerksamkeit widmete! Wir sehen seine Schrift, wir können daran erkennen, ob es sich glücklich und wohl fühlte oder ob es müde war oder es eilig hatte, fertig zu werden, weil es spielen gehen wollte. Durch all dies spricht das Kind zu uns. Vielleicht tut es uns weh, wenn wir daran denken, daß wir ihm nicht *mehr* geholfen haben, daß wir es nicht genügend ermutigt haben. Es brennt in unserer Seele, und vielleicht flüstern wir: »Bitte, du, vergib mir…«

Einige Kleider zog sie am liebsten an. Sie trug sie, bis sie ihr zu klein wurden und die Farben vom vielen Tragen ganz verblichen waren. Aber sie liebte sie eben besonders.

Aus einem Gefühl der Achtung heraus empfinde ich, daß es wichtig ist, diese kleinen Habseligkeiten zu hüten. Vielleicht ergibt sich hin und wieder die Gelegenheit, das eine oder andere zu verschenken, einem Freund des Kindes, der es wirklich brauchen kann oder der sich darüber freut, weil er das

Kind kannte. So können dann einige dieser Dinge bei einem anderen Kind »weiterleben«.

Wir werden aber auch feststellen müssen, daß manche dieser Dinge niemand haben möchte. Dann werden wir uns nach einiger Zeit – wir werden es fühlen, wann – entschließen müssen, einen Teil der Sachen vielleicht zu verbrennen. Dies sollte nicht aus einer verzweifelten Stimmung heraus geschehen oder in dem Bewußtsein, daß man sie wegtun muß, weil sie eben nie mehr gebraucht werden, sondern in dem Gedanken, daß unser Kind jetzt andere Bedürfnisse und auch seine Freuden hat. Wir können uns vielleicht sagen, daß wir ihm aufräumen helfen, weil es nicht mehr die Zeit hatte, es selbst zu tun.

Wenn das folgende nun auch eine ganz andere Ebene betrifft, so möchte ich hier doch auch einiges in bezug auf das Grab sagen. Gewiß, wir können den geliebten Menschen, der nun in einem anderen Dasein weilt, nicht an seinem Grab suchen. Aber dieser Ort kann in vieler Hinsicht eine Hilfe sein. Man kann daran verweilen, man kann daran etwas tun, indem man Blumen und Büsche pflanzt, es pflegt und bewässert. Die Pflanzen wachsen und gedeihen und aus der inneren Zuwendung heraus kann man sogar sagen: »Sieh doch, wie schön sie blühen, mein Kind. Sie blühen für dich!«

Am Grabe zu stehen ist notwendig, wenngleich es schmerzlich ist. Denn das, dem wir uns gegenübersehen, geht über unseren Verstand hinaus. Wir können es nicht fassen, wir sind unfähig, klar darüber zu denken. Es ist abgrundtief. Doch können wir versuchen, uns wie in einem Gebet innerlich immer wieder klarzumachen, daß das, was hier begraben liegt, lediglich die verlassene, verletzte, zerstörte und unbrauchbar gewordene irdische Hülle ist. Selbst der bittere Zorn, den wir fühlen, ja, vielleicht sogar der Haß, der aufsteigen möchte im Gedanken daran, daß jemand die Ursache dieses Geschehens war, wollen umgewandelt, überwunden, aufgegeben, geopfert – ja, vergeben werden. Wiederum: *gemeinsam* werden wir imstande sein, das zu schaffen. Das kann Monate und Jahre dauern, aber davon hängt viel ab für die wahre, lichterfüllte Freiheit unseres geliebten Kindes. Davon hängt ab, ob unsere Seele versteinert, starr und verbittert wird, sich bestenfalls eine harte Narbe über unserer schrecklichen gemeinsamen Wunde bildet, oder aber ob diese heilen wird.

Viele, viele Menschen können diesen Prozeß nicht durchleben – oder wagen es auch nicht –, weil der Druck des täglichen Lebens sie schon allzubald wieder überlastet oder weil niemand da ist, der sie darauf hinweisen würde, wie man anfangen kann, in der rechten Weise zu denken, wie man den tiefen Abgrund überbrücken kann, um aus dieser erdverbundenen einsamen Stille zu einem glücklichen gemeinsamen Leben zu finden.

»Versuche zu vergessen« – das ist keine Antwort. Wir können nicht vergessen! Wir können das Geschehen unterdrücken, verdrängen, wir können versuchen, nicht daran zu denken, aber all das bringt nur Unsicherheit in unsere Beziehung zur geistigen Welt.

Wir alle müssen den unwiderruflichen Willen Gottes akzeptieren. Wie wir das schaffen, das ist allein unsere persönliche Angelegenheit.

Gott gab, bevor er nahm. Dankbarkeit für das, was wir hatten, was unser war, was wir lieben und umsorgen durften, dies alles muß allmählich zu einem Gefühl werden, das unsere Seele ganz durchdringt.

Liebe und Dankbarkeit werden eines Tages siegen und den Verlust und die Reue verwandeln.

Gemeinsam gehen wir den Weg. Wir versuchen, das Schicksal anzunehmen, wir versuchen, zu begleiten und zu folgen.

Kannst du sie erleben?

Diese Frage ist mir oft gestellt worden, wenn die Menschen mir gegenüber mehr als das reine Mitgefühl zum Ausdruck bringen wollten.

Konntest du schon einmal spüren, daß sie dir nahe war? Selbstverständlich setzt dies den Glauben voraus, daß sie tatsächlich weiterhin existiert, wenn auch nicht für uns sichtbar. Diese Frage war immer schwer zu beantworten. Ich wünschte nichts so sehr, als daß ich hätte mit »Ja« antworten und die näheren Umstände hätte beschreiben können. War es doch genau das, wonach ich mich sehnte, worum ich betete, worauf ich wartete!

Ich erhielt von verschiedenen Freunden wunderbare Briefe, in denen sie mir mitteilten, sie hätten »sie« gesehen, zum Beispiel zusammen mit einem anderen Menschen, der ebenfalls vor einiger Zeit verstorben war. Sie wandelten zusammen, er führte sie an der Hand, und sie lernte viel Neues.

In mir stieg die Frage auf: Hatten sie mein Kind wirklich gesehen? Hatten sie die Fähigkeit, in einer Art zu »sehen«, die mir offensichtlich versagt war? Oder war es ihre lebhafte Vorstellungskraft, die sie mein Kind in sicherer, liebevoller Begleitung sehen ließ? Vielleicht sind derartige Dinge in Wirklichkeit viel selbstverständlicher, als man normalerweise annimmt. So erzählte mir ein anderer, daß er sie »mutig und freudevoll« vorwärtsschreiten sah. Wo fängt die Wirklichkeit überhaupt an? Wo hört sie auf?

Ein Elternpaar, das sein Kind bei demselben Unglück verloren hatte, kannte eine Dame mit hellseherischen Fähigkeiten. Diese Dame sagte ihnen, daß sie unsere Kinder gesehen habe. Dabei beschrieb sie sie recht genau, obwohl sie ihr zu Lebzeiten nie begegnet waren. Das war wieder so ein Strohhalm, an dem man sich festklammern wollte. Es mag sein, daß er materialistisch war. Im Grunde war es ein Beweis dafür, daß der eigene Glaube an die Realität des Geistigen noch zu schwach war.

Obgleich ich gewiß nicht die Absicht hatte, mein geliebtes Kind in eine Beeinflussung dieser Art hineinzuziehen – zum Beispiel zu versuchen, sie sichtbar in Erscheinung zu rufen, ihre Stimme zu hören, vielleicht mit Hilfe eines Mediums –, konnte ich der Versuchung nicht widerstehen, diese Dame aufzusuchen, die anscheinend die Gabe hatte, physisch Unsichtbares zu schauen und bis zu einem gewissen Grade die Zukunft vorauszusagen.

Ich mußte an »Thomas den Zweifler« denken, der erst leibhaftig sehen mußte, bevor er glaubte. Ich fühlte mich an ihn erinnert. Aber mein Inneres war so erschüttert, mein Realitätssinn so aus dem Gefüge, daß ich glaubte, jede Art von Gewißheit würde mir eine Hilfe sein.

Ich versuchte, ganz ruhig und innerlich offen zu sein. Nach einiger Zeit sagte die Hellseherin: »Ja, ich kann sie sehen. Sie steht neben Ihnen und schaut Sie an. Sie dürfen nicht so viel weinen und unglücklich sein; das macht sie traurig und bedrückt sie, es verlangsamt auch ihren Weg hinauf in die höheren Sphären...«

Es hatte alles durchaus einen Sinn, was sie sagte. Aber als sie dann begann, über meine Eltern zu sprechen, klang das etwas wirr, und sie äußerte vieles, was nicht stimmte.

Zum Schluß waren wir uns beide darin einig, daß die Verstorbenen in einer anderen Welt weiterleben.

Ich stand auf und verließ sie, ohne all die Fragen ausgespro-

chen zu haben, auf die ich so verzweifelt eine Antwort suchte.
Während der ganzen Zeit war mir immer wieder ins Bewußtsein gekommen, daß ich doch eigentlich die Geisteswissenschaft Rudolf Steiners hatte. Ich *wußte* doch die Antworten!
Auf diese Weise, hier bei der Hellseherin, nach einer Bestätigung zu suchen, das war nicht mein Weg. Was ich noch nicht
»wußte«, das mußte ich mir selbst erarbeiten, aus meinem
Inneren heraus.
Ich erwähne diesen Besuch aber, weil der Versuch, eine greif-
bare Bestätigung zu finden, nur allzu menschlich ist. Es hat
mir auch nichts geschadet, es hat mir nur um so deutlicher
gezeigt, daß ich meinen Weg allein zu gehen hatte.
Einige Freunde schrieben, daß sie von Saskia geträumt hätten. Überall: in Deutschland, in England und in Südafrika.
Ich möchte hier eine Stelle aus einem ganz besonderen Brief
zitieren, der mir großen Trost gegeben hat. Ich erhielt ihn von
einem Menschen, der niemals sonst, weder davor noch danach, einen derartigen Brief geschrieben hat. All seine Briefe
waren immer nüchtern und sachlich und bezogen sich inhaltlich stets nur auf die praktischen oder die gesellschaftlichen
Seiten des Lebens.
»Ich habe Saskia an einem Strand gesehen, frei wie der Wind
und selig, nicht mehr der Erde anzugehören. Sie war so
glücklich und froh... Andere Freunde, die Deine Saskia auch
gekannt haben, schrieben oder erzählten mir, daß auch sie
gewisse Erlebnisse mit ihr hatten. Obwohl sie über die ganze
Welt verteilt leben, hatte dennoch das, was jeder unabhängig
von dem anderen erzählte, inhaltlich die gleiche Substanz:
Saskia ist glücklich und ohne Furcht... Ich glaube, daß Gott
Saskia so früh zu sich gerufen hat, weil er sie brauchte. Sie soll
ihm helfen. Durch ihren Tod hat sie so viele Menschen auf
eine reine und wunderbare Weise angerührt... Sie ist nicht
sehr weit fortgegangen. Sie ist in deinem Herzen und in den

Herzen all derer, die sie kannten und liebten und immer noch lieben. Sie lebt im Geiste, frei wie der Wind, und Gott wird sie segnen.«

Wenn ich hier von all dem berichte, so ist es deshalb, weil es anderen vielleicht wirklich eine Hilfe sein kann. So muß ich auch davon sprechen, daß mir die größte Hilfe durch viele, viele Träume zugekommen ist. Als Saskia noch lebte, habe ich nie von ihr geträumt. Ich träume überhaupt selten von Menschen oder Ereignissen aus meiner unmittelbaren Umgebung. Nun war ich ihr in den Nächten ganz nahe. Ich habe mit niemandem über meine Träume gesprochen, vielleicht aus dem Gefühl heraus, daß ich diese Erlebnisse dadurch vertreiben könnte.

Wir lebten in diesen Träumen zusammen. Es wäre zu persönlich, Einzelheiten darüber zu berichten. Aber allgemein kann ich sagen, daß unser Kontakt sehr innig war, vielleicht sogar enger als während ihres Erdenlebens. Im Verlauf dieser Träume, die noch zehn Monate nach ihrem Tod fortdauerten, veränderte sie sich in ihrem Aussehen. Zuerst erschien sie mir so, wie sie zum Zeitpunkt ihres Ablebens im Alter von dreizehn Jahren gewesen war, dann wurde sie immer jünger, bis sie wieder ein kleines Kind war. In den letzten Träumen aber war sie wieder größer, nun aber irgendwie weiser und älter als sie es je auf Erden gewesen war.

Der Inhalt dieser Träume bezog sich auf Dinge, die sie im Leben gern getan hatte, an denen sie sich erfreut hatte wie das Reiten. Alles spielte sich aber in Gegenden ab, die mir eigentlich unbekannt waren. Es waren also in keiner Weise Erinnerungen von mir. Zwischendurch hatte ich auch Träume mehr geistiger Natur. Man könnte sie als eine Art von belehrenden Hinweisen bezeichnen. An diesen hatte mein Kind keinen Anteil. Es waren Bilder und Ereignisse aus anderen Zusammenhängen. Sie waren zunächst rein visuell und farbig, später kamen auch hörbare Aussprüche dazu. Die Intensität dieser Träume war derart, daß ich mich später ohne Schwierigkeiten an sie erinnern konnte. Ich sah alles noch ganz deutlich vor mir und konnte auch aufschreiben, was ich geträumt hatte.

Wenn ich dies sage, so tue ich es nicht, weil ich den Inhalt dieser Traumerlebnisse überbewerte; ich möchte damit vielmehr auf die Tatsache hinweisen, daß sie sehr deutlich machen, wie unterschiedlich wir in den jeweiligen Bewußtseinszuständen, in denen wir uns gerade befinden, wahrnehmen und erleben.

Wir alle wissen, daß es gänzlich unmöglich ist, sich Träume vorzunehmen. Wir können uns noch so sehr wünschen, etwas Bestimmtes zu träumen oder auch nicht träumen zu wollen, es geht nicht. Es liegt nicht in unserer Macht, Traumsituationen zu schaffen.

Wenn ich heute rückblickend auch sagen kann, daß mir diese Träume existentiell geholfen haben, so konnten sie mir doch den tiefen Schmerz nicht nehmen, der mich immer wieder überfiel, spürbar bis ins Körperliche hinein. Dann war ich so verzweifelt, daß nur Tränen mich erlösen konnten.

Ich möchte aber an dieser Stelle noch etwas erwähnen, das in den ersten Monaten und Jahren eine ganz besondere Erlebnissphäre für mich war: die Sphäre des Gottesdienstes. Vielleicht ist es gleichermaßen schwer verständlich und auch wieder natürlich, daß ich erleben muße, wie mir die Tränen kamen und nicht aufzuhalten waren, so oft ich den Kultus miterlebte.

Anfangs kam ich trotz aller Bemühung um innere Fassung nicht bis über die Lesung des Evangeliums hinaus, ohne daß ich weinen mußte. Viel später, als ich es fast überwunden hatte, stiegen in mir doch immer noch ganz besondere Empfindungen auf, wenn ich am Gottesdienst teilnahm. War es, weil dies stets so etwas ist wie eine Schwellen-Situation? War es, weil hier, gerade in der Menschenweihehandlung der Christengemeinschaft, ganz bewußt den Toten Raum gegeben wird, damit auch sie anwesend sein mögen?

Einmal sagte eine liebe ältere Freundin, die mir damals mit ihrer starken Geist-Gewißheit stets hilfreich zur Seite stand, immer bemüht, meine Zweifel in Zuversicht zu verwandeln: »Warum weinst du nur, Saskia sitzt doch im Geiste an deiner Seite.« Das war keineswegs spiritistisch gemeint, sondern real spirituell. Vielleicht weinte ich darum so oft und so viel, weil sie mir so nahe war, gerade dann. Heute bin ich mir dessen sicher.

Es war – und ist –, als ob meine Seele wie ein Stein war, der nur allmählich durch die Tränen etwas erweicht und abgetragen werden konnte. Ich wußte das ganz gut – solange du noch weinen mußt, hast du eben nicht genug Liebe, um Saskia freizugeben, loszulassen und ihrem Willen und Schicksal zu folgen, weit über den eigenen Lebenskreis hinaus...

Und immer noch steigen innerlich die Tränen auf im Erleben besonderer Gottesdienste, Jahre später. Darf ich annehmen, daß es gerade dann geschieht, wenn sie – die von uns ging – sich meiner Seele sanft naht, helfend, erlösend, fragend: Ist deine Seele nun weit genug, hast du wahre Liebe?

Es dauert so lange, bis die Seele – oder ist es unser Herz? – durchsichtig und klar wird, um in Stille und Frieden eine ruhige Fläche zu bilden, in der die geliebte Seele des Kindes erscheinen kann wie die goldene Abendsonne über dem Spiegel eines Sees.

Kannst du sie fühlen?

Manche Menschen beschreiben ein eigenartiges Wärmegefühl, das in ihnen aufstieg, wenn sie sich innig einer dahingegangenen Seele zuwandten oder in einem Gebet ihrer gedachten.

Man muß auf einem ganz realen Weg feinfühlig werden, nicht durch obskure Sentimentalität. Feinfühlig und aufmerksam auch der eigenen Seele gegenüber, die wir in uns spüren. Wir nehmen so viele Dinge als selbstverständlich hin, ohne darauf zu achten, wie sie in unser Inneres hineinspielen. Gewiß, wir sind uns im klaren darüber, daß das geliebte Wesen uns nie mehr in seiner physischen Gestalt begegnen kann, aber wir können es fühlen in einem Sonnenstrahl, der durch unser Fenster hereinfällt, im Gesang eines Vogels, der an unser Ohr dringt, oder in dem sanften Wind, der uns berührt und der in den Zweigen des Baumes flüstert, unter dem wir stehen.

Schon immer ist von den Boten Gottes gesagt worden, daß sie im Licht und in der Luft um uns sind, in den rasch wechselnden und sich immer wieder auflösenden Schleiern, die im feinen Sprühregen eines Wasserfalls oder in den wehenden Nebeln über dem Meer entstehen. Warum sollte das so geheimnisvoll sein?

Wenn wir unser Wahrnehmungsvermögen steigern, kann jede Sinneswahrnehmung zu einem tiefen Erlebnis für unsere Seele werden. Von der Musik her ist das bekannt. Die Schwingungen vieler Saiten, die zusammenwirken, vermitteln uns den Genuß, wenn wir eine Symphonie von Beethoven oder ein Streichquartett von Schubert anhören. Die Musik berührt die Seele, bewegt sie, macht sie glücklich oder traurig. Diese Art der Kommunion zwischen der Sinneswelt und der Seele findet ganz unbemerkt statt. Niemand würde sie als mystisch bezeichnen. Sie macht deutlich, wie wir in die Sinneswelt einbezogen und einverwoben, wie wir darin verkörpert sind.

Die Seele des anderen, des geliebten Menschen, der von uns gegangen ist, hat nicht mehr die Möglichkeit, die Musik so zu hören wie wir, weil die Sinnesorgane ihr nicht mehr zur Verfügung stehen.

Darum können wir sagen: »*Meine* Ohren mögen Dir, geliebte Seele, Tore sein...« Was dann von ihr wahrgenommen wird, ist freilich nicht die Musik als solche, sondern die sanfte Bewegung, die sie in unserer Seele auslöst, die Schattierungen zwischen hell und dunkel, die Farbigkeit, kurz, all das, was sich auf der Oberfläche unserer Seele widerspiegelt.

Es erfordert jedoch eine neue Art zu hören und zu sehen, wenn man dem anderen derartige Erlebnisse zukommen lassen möchte, immer aus der freilassenden inneren Haltung heraus: »Wenn du möchtest, komm mit mir...«

Wenn wir ein Bild malen – sei es auch noch so einfach – oder mit beseeltem Atem eine Melodie, vielleicht auf einer Blockflöte spielen, dann kann uns durch diese hingebungsvolle Tätigkeit etwas von dem zum Erlebnis werden, das hier gemeint ist. Dabei kann ein feines Hin- und Herweben spürbar werden.

Dann können wir auch erfassen, was Rudolf Steiner meint, wenn er sagt, daß wir dem anderen einen wahren inneren Dienst erweisen, wenn wir ihm etwas vorlesen. Damit ist nicht das Lesen als eine intellektuelle Tätigkeit gemeint; es muß vielmehr aus dem Bemühen heraus entstehen, das Wort auf die Ebene eines künstlerischen Erlebnisses zu erheben.

Das Wort muß beseelt, klangvoll, schöpferisch sein, belebt durch unseren Atem, tief innerlich gefühlt und von Verständnis durchdrungen. Es ist hiermit kein Rezitieren gemeint, wenngleich das Vorlesen ruhig auch leise hörbar sein kann. Es ist aber eigentlich gemeint, daß das gedruckte Wort *in uns* zum Leben gebracht wird, daß es in gleichsam »webende« Gedanken erhoben wird. Was hier aus der Liebe heraus entsteht, ist für den anderen wahrnehmbar.

Wieder und wieder müssen wir uns klarmachen, daß die Trennung nur äußerlich, nur materiell ist, daß sie sich nur auf die physische Ebene bezieht. Jedes Musikstück beweist uns doch, wie erst das wunderbare Ineinanderweben von Tönen, Rhythmus und Tätigkeit des Musikers für uns eine Ganzheit schafft, die wir dann als Erlebnis haben. Die Farben in einem Gemälde, die Konturen und feinen Modellierungen einer Skulptur – erst in ihrem Zusammenwirken und in der Zusammenschau sind sie ein Kunstwerk, eine Schöpfung. Auch wir sind erst in unserer Ganzheit Gottes Schöpfung!

Nach Rudolf Steiner kommt es nicht darauf an, zu welchen Tagesstunden wir lesen oder beten. Beim Einschlafen nehmen wir es mit hinüber in die geistige Welt. Auf den Flügeln der Liebe bringen wir unsere Gaben hinüber und danken der geliebten Seele für die besonderen Augenblicke, in denen wir einander nahe waren, für gütige Taten oder Worte, die wir erfahren durften.

In allumfassender Liebe verstehen wir, daß unser liebes Kind uns vorangegangen ist, daß sein Engel, der es im Leben begleitet hat, es nun zu weiteren Aufgaben führt, damit es sein Schicksal erfüllen kann. Wenn wir die Integrität dieses »Andersseins« anerkennen, dann kann daraus eine ganz neue Art des Zusammenseins erwachsen, die alle Entfernungen überwindet, auch wenn es uns zunächst manchmal scheint, als ob wir Millionen von Meilen und Millionen von Jahren auseinander sind. Ein Zusammensein jenseits von Raum und Zeit wird es sein. Nur die Liebe kann unsere Seele wachsen lassen bis in die Welt des Geistes.

Wir lernen, mit vollem Bewußtsein, zum einen die Landschaft des irdischen Tages, zum anderen die Sphären der Seele während der Nacht zu betreten. Wir können Fragen mit uns in den Schlaf nehmen, und wir werden Antworten darauf erhalten, die aus unseren eigenen Worten und Ideen aufleuchten und uns helfen, bestimmte Probleme zu lösen oder vielleicht auch neue soziale Formen im Zusammenleben mit anderen zu entwickeln.

Rudolf Steiner sagt, daß wir lernen müssen, die Worte des anderen in unseren eigenen Fragen zu hören.

»Nehmen wir zum Beispiel an, jemand verliert im Leben einen teuren Angehörigen. Der Angehörige, sagen wir, stirbt verhältnismäßig früh, so daß derjenige, der zurückbleibt, noch ein längeres Erdenleben ohne diesen Angehörigen zu durchlaufen hat. Wir sehen, indem wir einen solchen Gedanken in uns anregen, sogleich etwas vor unser geistiges Auge treten, was für viele Menschen Schicksalsfrage sein muß. Nun handelt es sich darum, daß Geisteswissenschaft wirklich in eine solche Schicksalsfrage hineinleuchten kann. Gewiß, jeder Fall ist im Grunde genommen anders. Aber gerade dadurch, daß man einzelne Fälle geisteswissenschaftlich studiert, ergibt sich ein gewisser Einblick in den geheimnisvollen Verlauf des menschlichen Lebens. Man kann da zum Beispiel die Erfahrung machen: Solch ein Menschenwesen ist früher gestorben als seine Angehörigen, ist ihnen entrissen worden. Es entwickeln sich, indem Menschen hier durch ihre physischen Leiber miteinander in Beziehungen treten, Verhältnisse zwischen diesen Menschen, die weit umfassender sind als dasjenige, was sich durch die physischen Leiber ausleben läßt. Ein viel weiterer Kreis von Zusammengehörigkeiten entwickelt sich, wenn man zehn, zwanzig, dreißig, vierzig Jahre zusammenlebt, ein viel weiterer Kreis von Kräften zwischen den beiden Menschen, als in diesen Jahren innerhalb der physischen Welt ausgelebt werden kann. Da sieht man dann oftmals, wenn man den geisteswissenschaftlichen Blick auf solche Verhältnisse lenkt, daß das, was sich da anknüpft, so ist, daß es durch seine innere Natur verlangt die Fortsetzungen, die sich ergeben durch den Verlust sowohl für den übrigbleibenden Teil hier in der physischen Welt wie für den Teil, der durch die Pforte des Todes hinübergegangen ist in die andere, in die geistige Welt. Der hier zurückgeblieben ist, hat den Verlust zu tragen. Er hat, wenn wir es abstrakt ausdrücken, ein teures Menschenwesen aus dem physischen Gesichtskreise verloren in der Zeit, in der er nicht erwartet hat, es zu verlieren. Es sind ihm vielleicht Hoffnungen für das spätere Zusammenleben hier in der physischen Welt dadurch zerrissen worden; es sind Voraussetzungen für das Leben abgeschnitten worden. Die gehören alle zu den Lebenserfahrungen; die gehören aber auch alle zu dem hinzu, was gewissermaßen sich anfügt den Erlebnissen, die man im physischen Leibe miteinander gemacht hat. Daß sich Trauer, Schmerz anreiht an dasjenige, was man zusammen im physischen Leibe erlebt hat, das wirkt verändernd auf die Beziehungen, die sich nur im physischen Leibe haben anknüpfen können. Denn geradeso, wie das, was wir täglich aneinander erleben, wenn wir in physischen Leibern einander gegenüberstehen, wie das nun mehr in die karmische Linie, in die fortschreitende Entwicklungsströmung sich hineinergießt, so summiert sich hinzu zu dem, was man so täglich erlebt, das, was man unter dem Eindruck des Verlustes erlebt. Alle die Empfindungen, alle die Gefühle, die man da erlebt, die fügen sich an den Erfahrungen, die man im Leben im physischen Leibe gemacht hat. Das ist gesehen von dem Gesichtspunkte desjenigen, der da zurückbleibt in der physischen Welt.

Der Gesichtspunkt desjenigen, der hinübergegangen ist in die geistige Welt, ist ein etwas anderer. Der, welcher hinübergegangen ist in die geistige Welt, ist ja deshalb nicht weniger mit jenem zusammen, den er verlassen hat; ja, dem, der wirklich die geistigen Welten zu untersuchen vermag auf solch konkrete Fälle hin, dem wird es klar, daß von seiten desjenigen, der drüben ist, das bewußte Zusammensein mit Seelen, die hier zurückgeblieben sind, ein intensiveres, ein innigeres ist, als es hat sein können im physischen Leibe. Aber man merkt sehr häufig, daß dieses jetzt innigere Verhältnis dazu gehört, um den Kreis von Wechselverhältnissen, der sich hier in der physischen Welt gebildet hat, in der rechten Weise zu ergänzen. Man macht da nämlich bei wirklicher positiver Untersuchung oftmals die folgende Entdeckung. Man sieht, Menschen haben sich zusammengefunden hier im physischen Leben; dadurch hat sich unter der Schwelle des Bewußtseins ein gewisser Kreis von Zusammengehörigkeitsinteressen gebildet. Wären nun die Menschen hier längere Zeit in der physischen Welt noch zusammengewesen, so hätte die Beziehung, die sich da ergeben hat auf Grundlage des Karmas aus früheren Leben, durch die Verhältnisse dieses Lebens sich nicht intensiv genug vertiefen können. Derjenige, der durch die Pforte des Todes gegangen ist, kann oftmals während der Zeit, in welcher Seelen, die ihm nahegestanden haben, noch auf der Erde weilen, dadurch, daß er nun mit den Gedanken dieser Seelen zusammen ist, die Gedanken durchdringt, durchströmt, jene notwendige, nach dem Karma notwendige Vertiefung herbeiführen, die er durch die Verhältnisse, die das Leben sonst gebracht hätte, nicht hätte herbeiführen können, wenn er nicht durch die Pforte des Todes gegangen wäre. So gehört es durchaus oftmals zu einer richtigen Erfüllung des

Karmas dazu, daß auf der einen Seite der Schmerz hier ertragen wird und auf der anderen Seite das intensivere Zusammensein stattfindet mit den Gedanken der Zurückgebliebenen hier.«[5]

Um dieses Kapitel abzuschließen, mag es vielleicht angebracht sein, unseren Betrachtungen noch eine andere Perspektive hinzuzufügen. Rudolf Steiner führt aus, daß die Möglichkeit, irgend etwas an unserem Schicksal zu ändern, in dem Augenblick nicht mehr gegeben ist, wenn wir die Schwelle zur geistigen Welt überschreiten. Alles, was wir getan, gesagt oder unvollendet gelassen haben, bleibt so, wie es in diesem Augenblick ist, festgehalten in diesem Zustand wie ein unvollendetes Gemälde, nachdem der Pinsel weggenommen wurde. Das gilt auch für die Beziehung zwischen Menschen, wenn sie nach dem Tode einander in der geistigen Welt begegnen. Sie können nichts mehr ändern, so sehr sie es auch aus ihrer jetzigen, höheren Einsicht heraus wünschten. Um etwas wiedergutzumachen, zu verwandeln, zu ändern bedarf es eines neuen Erdenlebens.

Anders ist es bei Menschen, die im Leben eng miteinander verbunden waren und von denen einer früher abberufen wird.

»Und ein Weiteres ergibt sich, wenn man nunmehr gewissermaßen den Nachkommenden, den später durch die Pforte des Todes Gegangenen verfolgt in seinem Verhältnis, in das er nun eintritt zu dem Frühverstorbenen. Da bemerkt man, daß vieles sich anders einrichtet, je nachdem der Zeitunterschied zwischen den beiden Toden ist. Es ist nicht gleichgültig, wenn wir in die geistige Welt eintreten, dort einen Menschen zu finden, der, sagen wir, mit uns zugleich gestorben ist – um diesen extremen Fall anzunehmen – oder der, sagen wir, fünfzehn Jahre früher gestorben ist. Dadurch, daß der Betreffende eine gewisse Zeit in der geistigen Welt durchgemacht hat, daß er die Erlebnisse, die er da durchgemacht hat, nunmehr in seiner Seele, die wir antreffen, drinnen hat, dadurch wirkt er in anderer Weise auf uns, und dadurch wird in entsprechender Weise das karmische Band geknüpft, das durch andere Voraussetzungen nicht in derselben Weise geknüpft werden könnte. Wir müssen alles das, was wir in dieser Art mit dem uns Nahestehenden erleben, durchaus als in dem karmischen Verhältnis begründet ansehen. Und kann es auch – das ist schon öfter von mir gesagt worden – Trauer und Schmerz nicht lindern, wenn man weiß, wie alles zusammengehört, was geschieht, so muß doch gesagt werden, daß von einem gewissen Gesichtspunkte aus das Leben – so überschaut – erst seinen rechten Sinn bekommt.«[5]

Derjenige, der auf der Erde zurückbleibt, kann noch an dieser Beziehung arbeiten; er kann ihre Bedeutung noch vertiefen, kann Gedanken zum Verständnis des Geistigen beitragen; er kann versuchen, dem anderen zu helfen, der vielleicht nicht die Zeit und nicht die Neigung hatte, zu Lebzeiten etwas über die geistige Welt zu erfahren, in der er sich jetzt befindet. Der Zurückgebliebene kann – in all seinem Schmerz – dem anderen ein Licht auf den Weg werfen, den dieser wie schlafwandelnd und in Dunkelheit dahinschreitet in einer Welt, die er nicht in der rechten Weise wahrnehmen kann, weil sie ihm gänzlich fremd ist.
Rudolf Steiner beschreibt, daß die Sinneswelt hier nur darauf wartet, daß wir sie Schritt für Schritt erkennen und differenzieren und ihr Begriffe zuschreiben, die unsere Sinneswahrnehmungen wiederum bereichern.
In der geistigen Welt sind nur diejenigen Bereiche für uns erhellt, für die wir uns während unseres Erdenlebens ein Ver-

ständnis erworben haben. Wir erkennen nur das wieder, was wir hier auf Erden gelernt haben zu erkennen.

So werden unsere Bemühungen, uns Vorstellungen und Ideen zu bilden, die über alle physischen Dimensionen hinausgehen, unsere Bestrebungen, dem geliebten Verstorbenen in jene andere Daseinsweise zu folgen, nicht dem verzweifelten Versuch von Orpheus ähneln, der seine Eurydike finden und zurückholen wollte. Wenn wir Gottes Entschluß akzeptieren, wenn wir die geistigen Gesetze anerkennen, die unser Schicksal bestimmen, dann können wir den anderen geleiten und ihm den Weg, den er gehen muß, erhellen und erwärmen. Dann werden wir nicht mehr länger an unserem Kind festhalten, sondern die Bedeutung der Worte anerkennen: »Und was Dir im Seelenland denkend als Dein Selbst erscheint, nehme unsere Liebe hin…«

> Unsere Liebe folge Dir
> Seele, die da lebt im Geist
> Die ihr Erdenleben schaut;
> Schauend sich als Geist erkennt.
> Und was Dir im Seelenland
> Denkend als Dein Selbst erscheint,
> Nehme unsere Liebe hin,
> Auf daß wir in Dir uns fühlen,
> Du in unserer Seele findest,
> Was mit Dir in Treue lebt.

Wer bist du?

Wie kann ich das Schicksal verstehen, das dich zu deinem frühen Tod führte?

Diese Frage stieg immer wieder mächtig in mir auf. Seltsam, daß sich dieses »Wer bist du?« niemals im täglichen Umgang mit dem Kind, im Getriebe des Alltagslebens gestellt hatte. Vielleicht sollte man sie sich im Augenblick der Geburt stellen: Woher bist du gekommen? Wie wird dein Leben verlaufen? Welches sind die Ziele, mit denen du auf die Erde gekommen ist und auf die du hinarbeiten wirst?

Ich danke dir, daß du dich mir anvertraut hast, meiner Obhut, meiner Freundschaft.

Aber auch nach der Geburt des Kindes ist man vollauf mit äußeren Dingen beschäftigt, mit der Pflege für das körperliche Wohlergehen, mit Fragen der Ernährung, der Kleidung.

Das ganze Geschehen von Schwangerschaft und Geburt geht im Grunde doch auch weit über unser Vorstellungsvermögen hinaus. Es geschieht in uns und durch uns. Wir geben einen Teil von uns hin, damit das Kind heranwachsen, seinen Körper ausbilden kann, und wir bringen es zur Welt.

Aber was geschieht *wirklich*? Wir wagen kaum darüber nachzudenken. Dabei kann man nirgendwo das Wirken des Vatergottes, aus dessen Dasein Himmel und Erde und alle Geschöpfe und wir gleichermaßen hervorgegangen sind, so greifbar, so unmittelbar erleben wie bei der Geburt eines Kindes.

Es gibt nur einen anderen Augenblick, wo wir seiner Macht

mit gleicher Wucht begegnen: wenn unser Kind stirbt. Da liegt der geliebte Körper leblos, bewegungslos vor uns. Keine Macht der Welt kann ihn mehr erwecken, ihm die Augen öffnen, es sprechen lassen – und sei es auch nur, um ein letztes Abschiedswort zu sagen. Auch dies geht über unser Fassungsvermögen hinaus. Unergründlich ist dieses Geschehen. Wir sind stumm, und unsere Gedanken sind zum Stillstand gekommen. Tief ist der Abgrund. Unser Sinn für die Wirklichkeit ist ins Wanken geraten angesichts dieser Begegnung.

Wo bist du? Warum bist du fortgegangen?

Wenn wir einen anderen Menschen verstehen wollen, dann sollten wir uns seine Lebensgeschichte anschauen, sollten auf die Ereignisse hinblicken, die seinem Leben Farbigkeit verliehen und die es verändert haben.

Welche Schicksalsschläge trafen ihn? Was ist das überhaupt, das Schicksal? Nicht zu greifen – und doch so oft durch andere an uns bewirkt.

Durch das Ereignis eines unerwartet frühen Todes, sei es durch Krankheit oder Gewalt in irgendeiner Form, hatte das Schicksal des anderen kaum die Möglichkeit, sich zu entfalten. Alle Hoffnungen sind zerschlagen. So scheint es.

Wolltest du wirklich so früh gehen? möchten wir fragen. War es dein Wille, liebstes Kind? War es das Beste für dich? Manche beantworten diese Fragen mit dem schlichten Satz: »Was Gott tut, das ist wohlgetan« oder »Wer weiß, vielleicht ist ihr auf diese Weise ein schweres Leben erspart geblieben.« In diesen Antworten mag durchaus ein Körnchen Wahrheit liegen, aber sie klingen zu einfältig, zu unvollständig angesichts des existentiellen Verlustes, den man erlitten hat. Der Tod zwingt uns, die geistigen Dimensionen des Menschen anzuschauen. Die Worte des Johannes-Evangeliums sprechen davon: »Der Wind weht, wo es ihm gefällt... Wir wissen nicht, woher er kommt und wohin er geht – so ist es mit jedem, der aus dem Geiste geboren wurde.«

Ich suchte Zuflucht beim Lesen. Wieder und wieder las ich die Schriften von Rudolf Steiner. In den Jahren 1914–18 hat er viel über die Frage des Lebens nach dem Tode gesprochen und vielen Menschen, die ihre Väter und Söhne im Ersten Weltkrieg verloren hatten, Rat und Hilfe gegeben.

Aus seinen Worten spricht eine tiefe Gewißheit über das Weiterleben nach dem Tode, sie vermögen wirklich aufzurichten und Trost zu spenden.

Freunde wiesen mich auf Stellen im Vortragswerk Rudolf Steiners hin, wo er sagt, daß die Lebenskräfte eines jungverstorbenen Menschen, die er für ein Leben von sechzig oder siebzig Jahren zur Verfügung hatte, unverbraucht geblieben sind. Sie sind freigeworden, dem Kosmos wieder zugeströmt und können jetzt von den höheren Engelwesen für das Gute in der Welt eingesetzt werden; einer Welt, die nichts nötiger hat als heilende Lebenskräfte, solange der Mensch selbst an ihrer Zerstörung arbeitet. Von einem höheren Standpunkt aus wird das Motiv eines Opfers sichtbar. Es erfordert eine sehr selbstlose Betrachtung der Welt und der Menschheit als Ganzes, die Tatsache zu akzeptieren, daß dieses Opfer von deinem einzigen Kind gebracht wurde.

Die Seele leidet unter den ihr aufgegebenen Qualen. Sie muß sich zu höchster Liebe durchringen, wenn von ihr verlangt wird, das Geschehen einmal aus dieser Sicht zu betrachten. Es erfordert eine Art innerer Kommunion mit allen Dingen und allem Werden, die sich nur sehr langsam vollziehen läßt. Gerade diese selbstlose, aber ganz bewußte Kommunion mit der Welt und ihrem weiteren Werden ist es, die es uns ermöglicht, mit unseren geliebten Toten in der geistigen Welt zusammenzutreffen. Aber es bedarf auch großer Selbstüberwindung. Der allgegenwärtige und allwissende Geist läßt sich nicht hintergehen.

Man muß versuchen, diese Perspektive des Opfers einfließen zu lassen in die Suche nach dem Sinn eines frühen Todes.

Rudolf Steiner hilft uns auch hier noch weiter. Er hat derartige Schilderungen stets in sehr gewissenhafter Weise gegeben und nur, wenn er sie durch seine geisteswissenschaftlichen Forschungen wiederholt bestätigt gefunden hatte. Wir werden dabei immer wieder auf die Tatsache der Wiedergeburt geführt. Wir sind keine Staubkörner im Spiel des Zufalls!

Den Wunsch, daß es ein Weiterleben nach dem Tode geben möge, tragen sicher alle Menschen mehr oder weniger bewußt in sich. Das ist verständlich. Und wenn man einmal einen Blick in die Geistesgeschichte der Menschheit wirft, dann zeigt sich, daß seit hunderten von Jahren die Idee von Reinkarnation und Karma in vielen Menschen lebte. Wem es schwer fällt, dies als eine Gewißheit anzunehmen, oder wer solche Ideen als »Wunschdenken« bezeichnen möchte, der stelle sich doch einmal die Frage: »Wo kam denn jeder von uns her? Wo waren wir vor unserer Geburt? Wo waren unsere Kinder, als wir selbst noch zur Schule gingen?« – »Im Himmel«, – diese etwas unbestimmte, unwissenschaftliche Antwort wird gefühlsmäßig doch gern gegeben, und darin liegt zweifellos eine tiefe Wahrheit.

Die Beantwortung dieser Frage hängt sicher auch damit zusammen, wie wir uns selbst erleben, ganz individuell. Sind wir nur ein Körper mit seelischen Fähigkeiten? Wenn wir »Ich« zu uns sagen, was ist dieses »Ich« in uns? Diese intime, zentrale Lebensbefragung geschieht vielleicht zu selten, oft erst, wenn wir uns unter seelischem Druck befinden. Oder aber, wenn wir uns der Frage bewußt zuwenden.

Jacques Lusseyran beschreibt auf eindrucksvolle Weise das Wesen des »Ich«:

»...Das Ich ist zerbrechlich. Es ist in jedem von uns nicht einmal etwas, was wir wirklich besitzen, eine fest umrissene Anzahl von Fähigkeiten, auf die wir mit Stolz große Stücke halten könnten. Es ist wie ein Impuls, eine Art Schwung, ja höchstens wie eine Art Schwung. Es ist eine Kraft, die ihrer Geburt noch ganz nahe steht. Es ist eine Verheißung, ja so möchte ich es ausdrücken, die dem Menschen gegeben ist, daß er eines Tages sein wird wie das Universum, daß er eines Tages die Welt mit hellwach geöffneten Augen wird anschauen können und wird erkennen können, daß ein Ordnungsbezug, eine notwendige Beziehung zwischen ihm und dieser Welt besteht. Kurz, das Ich, es ist noch so wenig, daß gleichsam ein Nichts genügt, um es uns wegzunehmen... Was ich das Ich nenne, das ist diese Bewegung, dieser Impuls, der mir erlaubt, mich der vier Elemente zu bedienen, dieser Erde, auf der ich lebe, aber auch meiner Intelligenz und meiner Gemütsbewegung, sogar meiner Träume. Es ist eigentlich eine Kraft, die mir eine Macht verleiht, die mir keine andere gibt: nämlich die, daß ich, um zu leben, nicht warten muß, bis das äußere Leben zu mir kommt. Das Ego braucht die Dinge, die größtmögliche Zahl der Dinge (ob sie sich Geld, Geltung, Herrschaft, Beifall oder Belohnung nennen). Das Ich fragt nicht danach. Wenn es da ist, wenn es an der Arbeit ist, dann setzt es eine eigene Welt der andern, dieser Welt der Dinge, entgegen. Das Ich ist der Reichtum inmitten der Armut; es ist das Interesse, wenn alles um uns herum sich langweilt. Es ist die Hoffnung, auch wenn alle objektiven Chancen zu hoffen verschwunden sind. Aus ihm stammt die ganze Erfindungswelt der Menschen. Und schließlich ist es das, was uns übrig bleibt, wenn uns alles andere entzogen ist, wenn uns gar nichs mehr von außen zukommt und unsere Kräfte doch genügend groß sind, um diese Leere zu überwinden.«[6]

Das Ich, diese zentrale innere Realität jedes einzelnen Menschen, findet sich in veränderten Umständen, in einem ererbten Körper, in einer spezifischen geographischen und kulturellen Umgebung in jedem neuen Leben wieder. Es arbeitet in diese hinein, schafft neue Verbindungen, neues Schicksal, erwirbt sich neue Fähigkeiten.

Auch G. E. Lessing ist in seiner »Erziehung des Menschengeschlechts« auf die Fragen der Wiedergeburt gekommen:

»Du hast auf deinem ewigen Wege so viel mitzunehmen! so viele Seitenschritte zu tun! – ...Aber warum könnte jeder einzelne Mensch auch nicht mehr als einmal auf dieser Welt vorhanden gewesen sein?...

Warum könnte auch ich nicht bereits einmal alle die Schritte zu meiner Vervollkommnung getan haben, welche bloß zeitliche Strafen und Belohnungen den Menschen bringen können?

Und warum nicht ein andermal alle die, welche zu tun uns die Aussichten in ewige Belohnungen so mächtig helfen?

Warum sollte ich nicht so oft wiederkommen, als ich neue Kenntnisse, neue Fertigkeiten zu erlangen geschickt bin?

Bringe ich auf *einmal* so viel weg, daß es der Mühe wiederzukommen etwa nicht lohnet?

Darum nicht? – Oder weil ich vergesse, daß ich schon dagewesen?

Wohl mir, daß ich das vergesse! Die Erinnerung meiner vorigen Zustände würde mir einen schlechten Gebrauch des gegenwärtigen zu machen erlauben. Und was ich auch jetzt vergessen *muß*, habe ich denn das auf ewig vergessen? Oder weil so viel Zeit für mich verlorengehen würde? – Verloren? – Und was habe ich denn zu versäumen? Ist nicht die ganze Ewigkeit mein?«[7]

Wenn wir solche Gedanken einmal ganz unvoreingenommen erwägen, dann erscheint unser Leben in einem anderen Licht, dann sind unsere Begegnungen mit anderen Menschen so viel tiefer und sinnvoller zu sehen.

Obwohl die Realität von Reinkarnation und Karma seit Jahrtausenden bekannt war, vor allem in den östlichen Philosophien und Religionen, wurde sie erst um eine ganz neue Qualität bereichert nach dem Beginn unserer Zeitrechnung: nämlich durch Jesus Christus. Sein Erscheinen ist der entscheidende Faktor für die Entwicklung der Erde und der Menschheit, und wir dürfen getröstet sein in dem Gedanken, daß Er bei uns ist bis an das »Ende aller Tage«.

Wir alle haben Anteil an der Erfüllung der Mission der Erde, gemeinsam mit Christus. Jedes Kind, das geboren wird – so dürfen wir aus der spirituellen Einsicht Rudolf Steiners hören –, kommt zur Erde aus einem tiefen Impuls zu leben, zu lernen, zu wachsen und mit anderen Menschen zusammen sich mit den Christuskräften zu vereinen und an der Wandlung der Erde mitzuarbeiten. So kann man jede Inkarnation als eine »Nachfolge Christi« ansehen, wenn wir das auch alle zunächst zu vergessen scheinen. Während der oft mühsamen Zeit des Jugendalters, selbst inmitten quälender innerer Probleme mag dies ein hilfreicher Aspekt sein: daß wir dabei im Grunde einem eigenen sehnlichst gesuchten Drang begegnen, das eigene Lebensziel wiederzufinden, um dessentwillen wir auf die Erde kamen und das zu erreichen allein einen Sinn gibt. Wie oft wird dieser Schicksalsruf, sich möglicherweise auch in schwere und bittere Lebenssituationen einzufügen, nicht gehört oder falsch verstanden oder gar in materialistischer Weise abgewiesen. Dann aber wird das individuelle »Ich« wie gelähmt, die Flügel werden ihm gestutzt, ja es wird verschüttet und muß in langen Prozessen, oft nach vielen Mühen und Zeiten tiefer Verzweiflung, wiedergefunden werden.

Es ist nicht Lehre des Christentums, daß sich der Mensch von der Notwendigkeit der Wiedergeburt befreien und ein ewiges Leben im Nirwana anstreben solle, wie es Inhalt östlicher Weltanschauungen ist. Der Reinkarnations-Gedanke im Christentum sieht in den wiederholten Erdenleben die Möglichkeit der individuellen Weiterentwicklung, des Ausgleichens, des Arbeitens am eigenen Schicksal zu höheren Zielen; und das ist nur möglich durch eine tiefe Bejahung des Erdendaseins, durch das Mitleben mit anderen Menschen, so daß die Menschheit im Sinne des Paulus »als Ganze der Leib Christi« sei.

Erst wenn sich jeder Mensch als ein wesentlicher und wichtiger Teil innerhalb des Ganzen sieht, der an der Entwicklung, Verwandlung und letztlich Erlösung der Erde mitarbeitet, haben wir begonnen, unsere Aufgabe als Christen zu verstehen. Dazu ist ein fast übermenschliches Maß an Liebe gefordert. In einem Menschenleben kann man nur einen Teil davon erreichen. So vieles ist ja zunächst aufzuarbeiten, was in einem vorigen Leben verursacht wurde oder unvollendet blieb. Der brennende Wunsche nach solchem Ausgleich, die tiefe Sorge um die Erde und die Menschheit stehen hinter dem Impuls, immer wieder auf die Erde zu kommen, wie schwierig und hart auch das zukünftige Leben sich gestalten mag.

Wenn die wiederholten Erdenleben also einmal ganz unvoreingenommen in Betracht gezogen werden, dann ergibt sich aus dieser Anschauung heraus wie von selbst, daß jedes Geschehen im Schicksal des Menschen seinen Sinn und seine tiefe Bedeutung hat.

Rudolf Steiner bringt zahlreiche Beschreibungen vom Leben zwischen dem Tod und einer neuen Geburt, wobei sich diese meist auf Menschen beziehen, die nach einer angemessenen Lebenszeit auf natürliche Weise aus dem Leben schieden. Deshalb ging meine Suche in seinen Schriften weiter nach einem Hinweis darauf, wie der scheinbare »Fehler« im Schicksal zu verstehen ist: jene unbegreifliche Tatsache des plötzlichen Todes eines Kindes durch einen Unfall. Es gibt nur sehr wenige derartige Stellen in Steiners Werk. Als ich aber darauf stieß, war mir dies eine so große Hilfe, daß ich die betreffenden Passagen zitieren möchte. Sie eröffneten mir ganz neue Perspektiven, die meine persönlichen, meine individuellen zukünftigen Aufgaben mit den Bedürfnissen der Welt vereinigten.

»Ich möchte dazu ein nun wiederum uns naheliegendes Beispiel anführen, das ja zunächst natürlich nichts zu tun hat mit den Zeitereignissen, das aber durch die Art, wie es sich zugetragen hat und was aus ihm geworden ist, uns zugleich einen Ausblick geben kann auf alle die Fälle, wo ein unverbrauchter Ätherleib nach dem Tode, der nach einem jugendlichen Leben eingetreten ist, abgelegt wird. Wir haben ja im Herbst den Tod erlebt des Kindes eines Mitgliedes von uns, das siebenjährig war. Der Tod dieses Kindes ist gerade auf eigentümliche Weise eingetreten. Es war ein liebes Kind und ein, soweit das eben bei einem siebenjährigen Kinde möglich ist, mit sieben Jahren schon außerordentlich geistig regsames Kind; ein liebes, gutes und geistig sehr regsames Kind. Nun kam es dadurch zum Tode, daß es gerade in dem Augenblick an der Stelle war, wo ein Möbelwagen umfiel, der im Fallen das Kind erdrückte, so daß es den Erstickungstod erlitt; an einer Stelle, wo vielleicht überhaupt nicht vorher ein Wagen gefahren ist, nachher auch wieder nicht, sondern nur in diesem Augenblick. Außerdem kann man selbst äußerlich feststellen, daß dieses Kind durch allerlei Verhältnisse, die man in der äußeren materialistischen Weltanschauung Zufälle nennt, gerade in der Zeit, als der Wagen umfiel, an der Stelle war. Es holte etwas Speisevorräte für seine Mutter und ging gerade an jenem Abend etwas später weg, weil es aufgehalten worden ist. Wäre es fünf Minuten früher gegangen, so wäre es längst über die Stelle gewesen, wo der Wagen umfiel. Außerdem ging es zu einer anderen Tür hinaus, als es gewöhnt war; nur das eine Mal aus einer anderen Tür hinaus! An der anderen Türe wäre es rechts von dem Wagen gegangen. Der Wagen ist nach der anderen Seite gefallen. Es ist, wenn man den ganzen Fall wirklich geisteswissenschaftlich-karmisch verfolgt, einer jener Fälle, wo man so recht bestätigt finden kann, wie die äußere Logik, die man mit Recht im äußeren physischen Leben anwendet, fadenscheinig ist, nicht anwendbar ist. Ich habe ein Beispiel dafür schon öfter angewendet. Das Beispiel von dem Menschen, der an einem Fluß vorbeigeht und ins Wasser fällt gerade an der Stelle, wo ein Stein liegt. Die äußere Betrachtung wird selbstverständlich annehmen, daß der Mann über den Stein gestolpert und ins Wasser gefallen ist und dadurch den Tod gefunden hat; man wird auch bei der Meinung bleiben, er sei ertrunken. Aber wenn er seziert worden wäre, so würde sich herausgestellt haben, daß ihn der Schlag getroffen hat, und daß er dadurch tot ins Wasser fiel. Daß er also ins Wasser fiel, weil er tot war, und nicht tot wurde, weil er ins Wasser fiel. Ursache und Wirkung sind verwechselt. Solche Urteile finden Sie in der Wissenschaft auf Schritt und Tritt, wo Ursache und Wirkung verwechselt wird. Dasjenige, was ganz berechtigt logisch im äußeren Leben zu sein scheint, kann vollständig falsch sein. Nun wird man selbstverständlich im äußeren Anschauen den Fall des kleinen Theodor Faiß auch so beschreiben, daß man sagt: Nun ja, das ist ein unglückseliger Zufall! In Wahrheit aber war das Karma des Kindes so, daß das Ich, klar ausgedrückt, den Wagen bestellt hat, daß der Wagen umgefallen ist, um das Karma des Kindes zu erfüllen. Da haben wir einen ganz besonders jugendlichen Ätherleib. Das Kind hätte ja auch ein

Mann werden können und hätte siebzig Jahre alt werden können. Die Kräfte waren im Ätherleib, die auch für siebzig Jahre ausgereicht hätten, sie waren nach sieben Jahren durch die Pforte des Todes gegangen. Das Ganze hat sich ja abgespielt in Dornach. Der Vater, der damals in das deutsche Heer eingerückt ist, war gar nicht anwesend, während dies geschehen ist; er ist ja auch ganz kurz darauf gestorben, nachdem er im Kriege verwundet worden war. Der ganze Fall hat sich unmittelbar in der Nähe des Baues* abgespielt, und seit jener Zeit haben wir in der Aura des Dornacher Baues die Kräfte des Ätherleibes dieses Kindes. Und derjenige, der zu arbeiten hat für diesen Bau und wahrnehmen kann die geistigen Kräfte, die an diesem Bau walten, der findet darin die Kräfte des Kindes. So daß also, ganz abgesehen von dem, was nun als Ich und Astralleib in die geistige Welt übergegangen ist, um zu wirken in dem Leben zwischen Tod und neuer Geburt, der Ätherleib, der übriggeblieben ist, nun sich mit der ganzen geistigen Aura des Dornacher Baues vereinigt hat. Solche Dinge sind Erkenntnisse, die zugleich verbunden sind mit tiefen, bedeutungsvollen Gefühlen, mit wichtigen, bedeutungsvollen Gefühlen. Denn es sind nicht Erkenntnisse, die man trocken, wie zahlenmäßige Erkenntnisse empfängt, sondern die man empfängt mit innig dankbarer Seele. Denn selbstverständlich werde ich, solcher Erkenntnis eingedenk, niemals außer acht lassen, auch nur einen Augenblick im Bewußtsein, wenn ich selbst nur irgend etwas zu leisten habe für den Dornacher Bau, daß diese Kräfte für den Bau mir mitwirkende, mir helfende Kräfte sind. Da vereinigt sich eben dasjenige, was theoretische Erkenntnis ist, mit dem unmittelbaren Leben.«[8]

An einer anderen Stelle spricht Rudolf Steiner davon, wie ver-

* Gemeint ist der Bau des Goetheanums in Dornach/Schweiz.

schieden sich das Leben nach dem Tode ausnimmt, je nachdem, ob man jung oder alt verstorben ist.

»So ist es notwendig, wenn man ein genaues Bild über die ersten Jahre oder Jahrzehnte des Lebens nach dem Tode gewinnen will, zu vergleichen, wie sich dieses Leben ausnimmt bei Menschen, die ganz jung, sagen wir, in dem jüngsten Kindesalter gestorben sind, und wie es sich ausnimmt bei Menschen, die etwas später, etwa in der Mitte des Lebens gestorben sind, und dann wieder bei Menschen, die im hohen Alter gestorben sind. Da sind die Dinge überall in hohem Maße verschieden. In Wirklichkeit ist das Leben nach dem Tode in hohem Maße verschieden, je nachdem man früh oder spät verstorben ist; und ein wirklich getreues Bild ergibt sich erst aus solchen Vergleichen der Erlebnisse von den in verschiedenen Lebensaltern verstorbenen Menschen.

So zum Beispiel war es eine wesentliche, eine wichtige Grundlage, um auf gewisse Dinge zu kommen, daß man sich davon überzeugte, wie es mit früh aus dem Leben geschiedenen Menschen ist, ich will sagen, mit kleinen Kindern, und dann wieder mit aus dem Leben geschiedenen Menschen von elf, zwölf, dreizehn Jahren. Es ist wirklich ein großer Unterschied zu bemerken für das Leben post mortem, für das nachtodliche Leben, ob ein Mensch vor dem achten, neunten Jahre oder vor dem sechzehnten, siebzehnten Jahre gestorben ist. Das ist deutlich zu entnehmen aus gewissen Erlebnissen, die man mit den Toten haben kann. So kann man beobachten bei ganz früh verstorbenen Menschen, bei Menschen, die im zartesten Kindesalter gestorben sind, daß sie sich nach dem Tode sehr, sehr viel beschäftigen mit den Aufgaben, die die Menschheit hat unmittelbar in der Zeit, die nach diesen Toden folgt.

Die äußeren Vertreter der Religionsgemeinschaften tun gar

nichts dagegen, daß sich gewisse Vorstellungen bei den Menschen festsetzen, die mit der Wahrheit nicht übereinstimmen. Sie werden es aus Ihrer eigenen Lebenspraxis wissen, daß von seiten der Vertreter der Religionsgemeinschaften nicht viel geschieht gegen die Vorstellungen, daß, wenn ein alter Mensch oder ein Kind stirbt, die Menschen es sich so vorstellen, daß dann der Alte drüben auch als Alter und das Kind drüben auch als Kind weiterlebt. Aber die Art, wie die Seelen hier leben, hat nichts zu tun mit der Art, wie sie drüben leben. Wenn ich auch als drei oder sechs Monate altes Kind sterbe, so kommen da die vielen ganzen Erdenleben in Betracht, und ich kann doch als sehr reife Seele in die geistige Welt eintreten. Es ist also total falsch, sich vorzustellen, daß das Kind als Kind fortlebt. Da findet man dann, daß solche Seelen, die früh im Kindesalter gestorben sind, Aufgaben bekommen, die zusammenhängen mit dem, was die Erde braucht, um den nötigen Geistesfond zu bekommen zum Weiterarbeiten. Ich möchte sagen, die Menschen können nicht arbeiten auf der Erde, ohne von den geistigen Welten heraus Impulse zu bekommen. Die Impulse kommen aber nicht in einer solch verwaschenen Weise, wie es sich der Pantheismus vorstellt, sondern sie kommen von wirklichen Wesen, und unter diesen findet man auch die Seelen früh verstorbener Kinder.

Konkret gesprochen: Nehmen wir an, wir sehen *Goethe* heranwachsen. Natürlich hat Goethe etwas von seiner Genialität auch dadurch, daß ihm die geistige Welt zu Hilfe kommt. Aber wenn man dem nachgeht, so kommt man zu den Seelen von Kindern, die früh verstorben sind. Das Geistige, das da in der Welt lebt, hat zu tun mit den Seelen früh verstorbener Kinder. Wenn dagegen Kinder sterben, welche neun bis zehn Jahre, aber noch nicht sechzehn, siebzehn Jahre alt sind, dann findet man sie ganz bald nach dem Tode in Gesellschaft von geistigen Wesen. Aber diese geistigen Wesen sind Menschenseelen. Man findet sie viel in Gemeinschaft mit Menschensee-len, und zwar mit solchen, die bald herunterkommen müssen auf die Erde, mit solchen, die auf ihre nächste Inkarnation warten. Diejenigen Menschen, die ganz früh im Kindesalter sterben, also bis zum siebenten, achten Jahre, findet man viel beschäftigt mit Menschen, die hier unten sind. Diejenigen aber, welche im Alter von sieben, acht bis sechzehn, siebzehn Jahren sterben, findet man mit solchen Seelen beschäftigt, die bestrebt sind, sich bald zu inkarnieren. Das sind dann für diese Seelen bedeutsame Stützen und Hilfen, man könnte sa-gen, wichtige Boten für dasjenige, was sie brauchen, um sich vorzubereiten für ihr Erdendasein. Das ist wichtig zu wissen, wenn man nicht im Allgemeinen herumreden, sondern wirk-lich eindringen will in diese geistigen Welten.«[9]

Und an anderer Stelle sagt Rudolf Steiner:

»Nun, auffallen kann einem dasjenige, was die tiefere Bedeu-tung dieser ganzen Lebensentwickelung ist, namentlich dann, wenn man Menschen betrachtet, die da sterben in die-sen verschiedenen Lebensaltern. Nehmen wir an – dies sei zunächst beispielsweise angeführt –, wir verfolgen die Seele eines elf-, zwölf-, dreizehnjährigen Mädchens oder Knaben, eine Seele, die also elf-, zwölf-, dreizehnjährig durch die Pforte des Todes gegangen ist. Nach dem, was ich schon aus-geführt habe, liegt ja in einem solchen Falle das vor, daß der Ätherleib – er hätte ja in der Theorie noch die ganzen folgen-den Jahre versorgen können – unverbrauchte Kräfte in sich hat. Aber auch im übrigen liegt das vor, daß der Mensch ja eigentlich während des ganzen Lebens zwischen Geburt und Tod sich vorbereitet für den Tod. Er bereitet sich wirklich vor für den Tod, denn eigentlich besteht unser ganzes Leben darin, eine Vorbereitung für den Tod zu sein, insofern als wir ja fortwährend arbeiten an der Zerstörung des Leibes. Könnten wir ihn nicht zerstören, so könnten wir es überhaupt zu keiner Vollkommenheit bringen, denn diese Vollkommenheit erkaufen wir sozusagen mit einer Zerstörung des äußeren physischen Leibes. Wenn nun der Mensch dreizehnjährig durch die Pforte des Todes geht, so leistet er eine ganze lange Zerstörungsarbeit nicht, die er eigentlich hätte leisten können. Er macht nicht mit das, was er hätte mitmachen können. Das drückt sich in einer merkwürdigen Weise aus.

Wenn wir eine solche Seele verfolgen, so finden wir sie in der geistigen Welt in einer bestimmten Zeit zwischen dem Tod und einer neuen Geburt verhältnismäßig sehr bald in einer, ich möchte sagen, höchst bemerkenswerten Gesellschaft: Wir finden sie mitten unter denjenigen Seelen, die sich vorbereiten für ein nächstes Leben so, daß sie schon bald auf diese Erde herunterkommen müssen, also unter Seelen, die sich bald verkörpern. Unter denen leben dann solche Seelen, die durch die Pforte des Todes gegangen sind im elften, zwölften, dreizehnten, vierzehnten Jahre, die werden da hineinversetzt. Und wenn man sich genauer umsieht in diesen Zusammenhängen, da stellt es sich eigentümlicherweise heraus, daß diese Seelen, die nun bald in ihr Erdenleben heruntergehen, das brauchen, was ihnen diese anderen Seelen hinauftragen können von der Erde, um sich ihrerseits wiederum an Kraft zu erstarken, die sie brauchen, um sich zu verleiblichen. *Also die jugendlichen Seelen bilden eine starke Hilfe für diejenigen Seelen, die nun bald herunterkommen müssen auf die Erde.* Solche Hilfe, wie unter normalen Verhältnissen junge Kinder, die ganz normal waren, das heißt kein hervorragendes geistiges Leben hatten, sondern nur aufgeweckte Kinder waren, solche Hilfe, wie die leisten, kann man zum Beispiel nicht mehr leisten, wenn man im späteren Alter stirbt. Da hat man auch seine Aufgabe. Jeder muß sich seinem Karma fügen und soll nicht denken: Ich möchte in diesem oder jenem Lebensalter sterben; sondern man stirbt in dem Alter, in dem einen das Karma sterben läßt. Solche Hilfe, die man leisten kann als Seele für jene Seelen, die da erwarten ihre Inkarnation, kann man also nicht mehr leisten, wenn man im späteren Lebensalter stirbt. Das hängt damit zusammen, daß man in der ersten Lebenshälfte in einer gewissen Weise der geistigen Welt noch nähersteht als in der zweiten Lebenshälfte. In einer anderen Weise ist es wieder nicht der Fall; aber in einer gewissen Weise steht man der geistigen Welt näher in der ersten Lebenshälfte. Das ganze Leben verläuft nämlich so, daß, je länger man im physischen Leibe lebt, man sich desto mehr von der geistigen Welt entfernt. Ein Kind von einem Jahr steht der geistigen Welt noch sehr nahe. Es verläßt den physischen Plan und ist schnell drinnen in der geistigen Welt. Noch bis zum vierzehnten Jahr ist es so; da ist man so im physischen Leibe drinnen, daß man leicht in die Welt der Seelen kommen kann, die bald wiederum ihre Inkarnation suchen.«[10]

Du mein liebes Kind, wenn das alles so ist, in welch einem erschreckenden Chaos, in welch schwieriger Umgebung mußt du dann jetzt tätig werden! Deshalb wurde wohl ein starkes, gesundes und zukunftsfrohes Kind gebraucht!
Erschütterung überkommt uns, wenn wir uns vorstellen, was der Eintritt in das Erdenleben bedeuten muß. Welche Schicksalsnot entsteht bei jenen Seelen, die nach ihren Eltern Ausschau halten, aber durch Abtreibung oder durch Schwangerschaftsverhütung daran gehindert werden, zu kommen. Andere müssen angesichts dessen, was sie im kommenden Leben erwartet, doch eigentlich voller Furcht zurückschrecken. Rudolf Steiner sagt, daß jede Menschenseele ihr zukünftiges Leben vor sich sieht. Vor der Geburt liegt das ganze Schicksal vor ihr ausgebreitet wie ein aufgeschlagenes Buch. Das kann

in unserer heutigen Zeit ein erschreckendes Erlebnis bedeuten. Läßt unsere Zivilisation doch so wenig Raum für die Entfaltung geistig-seelischer Kräfte im Kindesalter.

Wieviel Mut gehört dazu, den Eintritt in die Welt zu wagen! Wieviel Unterstützung, Ermutigung und tragende Liebe werden benötigt, diesen Seelen, die bereit sind, in nächster Zeit geboren zu werden, zu helfen. Sie streben ein Erdenleben in der »Nachfolge Christi« an und geben sich dabei vertrauensvoll in die Obhut der Menschen – ganz und gar hilflos, wie sie zu Beginn sind. Oh, mein liebes Kind, wie kann ich dir nur jetzt bei solch einer Aufgabe helfen? Wie kann ich dir Freund sein?

Sende deinem Kind gute Gedanken, die die Bedeutung der Erde hervorheben. Ist es doch die Mission der Erde, von Christus durchdrungen, zum »Stern der Liebe« zu werden. Und nicht zuletzt bleibt uns die Zuversicht, daß wir einander wiedersehen werden. Denn eines Tages werden auch wir aufgerufen werden, das gleiche Tor zu durchschreiten. Hat doch die Zeit ganz andere Dimensionen in jener Welt.

Weise klingen auch die Worte: »Eine so junge Seele wird gewiß nur eine kurze Zeit in der geistigen Welt weilen und sich wiederverkörpern, nachdem sie für ein neues Leben gestärkt wurde...«, die einem zum Trost gesagt werden mögen.

Zunächst möchte man solche Gedanken nicht hören. Nehmen sie einem doch das letzte bißchen Hoffnung auf eine baldige Wiedervereinigung. Aber man erkennt auch, daß dies die letzten Spuren des »Besitzenwollens« sind. Niemand gehört einem! Es ist alles eine Frage des freien Gebens, einer individuellen Beziehung, die dennoch der gegenseitigen Weiterentwicklung Raum gibt. Diese freilassende Haltung vertieft im Grunde die Verbindung.

So gib deinem Kind die Freiheit, zu wachsen und seiner Wege zu gehen. Bitte seinen Engel, daß er es geleite und – wer weiß?

Eines Tages seid ihr vielleicht auf geheimnisvolle Weise miteinander verbunden und arbeitet gemeinsam an einer größeren Aufgabe, für die ihr euch durch euer Leid die Kraft errungen habt.

> Denn die Strahlenden
> Gehen früh zum Gotte zurück,
> In der Tiefe zu rüsten
> Ihre lebendige Wiederkehr.

M. Reuschle

Das Kind, das die Engel weinen hörte

Eine Geschichte von Georg Dreißig
nach Saskias Tod ihren Freunden erzählt

*Nachts schlafen wir, weil wir uns ausruhen müssen. Es gibt
kluge Leute, die können uns erzählen, daß wir diese Ruhe
brauchen, weil unsere Beine müde geworden sind oder unsere
Arme oder unsere Augen; einige sagen, es sei für die Muskeln,
andere, es sei für die Nerven. Haben sie recht?*
*Ja und nein. Natürlich ermüden unsere Beine und unsere
Arme und Augen. Aber ich fühle mich nicht schläfrig wegen
meiner Beine, sondern wegen meiner selbst. Meine Seele
möchte ausruhen. Warum? Weil sich die Seele nach einem Tag
auf der Erde einsam fühlt und sich nach dem Himmel sehnt.
Die Seele sehnt sich danach, bei ihrem Schutzengel zu sein; sie
möchte sich wieder daran erinnern, was sie auf der Erde tun
soll. Dies ist der wahre Grund, warum wir schlafen. Unsere
Seele verläßt den Körper und steigt auf zum Himmelshaus.
Dort, im ersten Raum, treffen wir einen großen Engel, der in
einem fort an einem Faden spinnt. Auf jeder Seite des Raumes
befinden sich Fenster. Nachdem wir den großen Engel begrüßt haben, gehen wir mit unserem Schutzengel, um durch
die Fenster auf der einen Seite zu schauen. Durch diese Fenster
können wir zurückblicken auf den vergangenen Tag und erkennen, was wir getan haben, sowohl das Gute als auch das,
was nicht so gut war. Dann gehen wir hinüber auf die andere
Seite, und wenn wir dort durch die Fenster schauen, erblicken
wir, was uns am folgenden Tag erwartet und wie wir es am
besten bewältigen.*
Danach werden wir im Himmelshaus herumgeführt; einige

Türen sind offen, andere bleiben geschlossen, gerade so, wie es für die Seele gut und richtig ist. Dieses nächtliche Erlebnis im Himmelshaus ist ein beglückendes, selbst wenn ich erkennen muß, daß das, was ich während des Tages getan habe, falsch gewesen ist oder sogar Schaden angerichtet hat. Denn ich erkenne auch, was ich tun kann, um es wiedergutzumachen, und weiß, daß mein Engel mir dabei helfen wird, wenn ich tagsüber nicht zu schläfrig bin für seine Gegenwart. Wir sehen aber nicht nur unsere eigenen Taten, sondern auch die anderer Seelen, und wir können uns entschließen, hier oder dort zu helfen. Insgesamt aber ist es so, daß jede Seele etwas anderes sieht. Jede Seele wird ihren eigenen Weg geführt, wie es für sie notwendig und möglich ist.

*

Nun war da einmal ein Kind, dessen Seele des nachts zum Himmelshaus aufgestiegen war. Nachdem es mit seinem Engel zurückgeschaut hatte auf den vorangegangenen Tag, wurde es weitergeführt. Plötzlich blieb das Kind stehen. »Horch!« Ganz deutlich konnten sie vernehmen, daß jemand weinte, leise und zart, und doch so traurig anzuhören, daß es dem Kind im Herzen wehtat.

»Wer weint da?« fragte es den Engel. Der Engel aber schüttelte nur den Kopf und bedeutete, sie sollten weitergehen. Während des folgenden Tages konnte sich das Kind nicht mehr an das erinnern, was es in der Nacht erlebt hatte. Als es aber das Himmelshaus wieder betrat und den Engel, der spann, begrüßt hatte, kam ihm die Erinnerung wieder. Nachdem es durch die Fenster geschaut hatte, gingen sie tiefer ins Himmelshaus hinein, und wieder hörten sie das Schluchzen.

»Horch!« Sie blieben ganz ruhig stehen, und in der Stille konnten sie wieder hören, daß jemand weinte, sanft und leise und doch so traurig, daß es dem Kind im Herzen wehtat.

»Wer weint da?« fragte es den Engel. Wiederum schüttelte dieser den Kopf und bedeutete ihm, es solle weitergehen. Das Kind gewahrte aber einen kleinen Unterschied; es bemerkte nämlich, daß die Augen des Engels glücklicher leuchteten als am Tag zuvor.

Wiederum konnte sich das Kind am darauffolgenden Tag nicht daran erinnern, was es während der Nacht erlebt hatte; es fühlte nur, daß es auf etwas wartete, aber was dies sein könnte, wußte es nicht. So kam die dritte Nacht, und alles war wieder so wie in den Nächten zuvor. Als das Kind an dem Engel, der spann, vorbeigegangen war und mit seinem Schutzengel durch das Himmelshaus ging, hörte es wieder das Weinen.

»Horch!« rief es und blieb stehen. Während es so lauschte, bemerkte das Kind, daß sich der Engel ihm zugewandt hatte und daß sein Gesicht vor Freude strahlte. Das Kind sah es voller Erstaunen, doch fühlte, es, daß es seine Frage leichter stellen konnte. So sagte es: »Wer weint denn da?« Dieses Mal antwortete der Engel: »Wenn du willst, kann ich es dir zeigen. Doch mußt du wissen, daß du danach niemals wieder das gleiche, glückliche Kind sein kannst wie jetzt.«

»Ich kann sowieso nicht glücklich sein«, erwiderte das Kind, »da mir mit jeder Nacht weher ums Herz wird. Führe mich weiter!« So folgten sie dem Weinen, bis sie zu einem dunklen Vorhang kamen. Hier sagte der Engel: »Ich kann dich nicht weitergeleiten. Wenn du die sehen willst, die da weinen, mußt du selbst den Vorhang aufheben und ohne Führung eintreten.«

Das Kind zögerte für einen Augenblick. Sollte es, konnte es wirklich weitergehen? Sein Herz aber drängte es vorwärts. So hob es den Vorhang und trat ein, und der Engel folgte ihm nach. Staunend schaute das Kind sich um und mochte kaum seinen Augen trauen: Der Raum war voller Engel – und die

Engel weinten, sanft und leise zwar, aber so traurig, daß es ihm das Herz zerreißen wollte. Schließlich faßte das Kind Mut und redete einen der weinenden Engel an: »Ich habe nicht gewußt, daß Engel weinen können. Der Himmel ist doch ein glücklicher Ort. Bitte sag mir, warum du weinst.«

Der Engel antwortete: »Wir weinen, weil wir die Menschen verloren haben. Wir können sie nicht mehr erreichen, deshalb sind uns die Hände gebunden.«

»Und wie kommt das?« fragte das Kind.

»Weil sie keine Liebe haben«, erwiderte der Engel. »Nur die Liebe kann Wesen zusammenbinden. Jeder, der das Himmelshaus betreten möchte, muß wenigstens ein klein bißchen Liebe für seinen Engel mitbringen, denn wenn gar keine Liebe da ist, können wir ihn nicht führen.«

Dann erzählte er dem Kind: »Ich bin der Engel eines wohlhabenden Kaufmanns, dessen Schiffe über alle Meere segeln und ihm großen Reichtum einbringen. Als ich ihn zur Erde hinunterführte, auf daß er geboren werde, hatte er die Seele eines Entdeckers; er wollte die Völker kennenlernen und sie miteinander vereinigen. Seit jedoch das Geld in seine Taschen fließt, ist seine Liebe erloschen, und nur Habgier ist zurückgeblieben. Viel Gutes könnte er mit seinem Überfluß tun, aber er weiß es nicht, weil ich ihn nicht erreichen kann.«

Und um sich deutend fuhr der Engel fort: »Ähnliches erleben wir alle.«

»Und gibt es keine Hilfe?« fragte das Kind leise.

Die Wirkung dieser Frage war erstaunlich. Das Weinen ließ plötzlich nach, die Engel schauten auf, und hier und da konnte das Kind sogar den Schimmer eines Lächelns wahrnehmen.

Der Engel betrachtete das Kind eine Weile prüfend, bevor er antwortete: »Ja, es gibt eine Hilfe. Wenn jemand bereit wäre, seine Liebe zu opfern, würde uns damit geholfen sein.«

»Ist es so einfach?« rief das Kind erstaunt. Ungewollt war ihm die Frage über die Lippen gekommen. Wenn es sich nur darum handelte, Liebe zu geben, so könnte es ihnen damit helfen.

Der Blick des Engels aber verriet dem Kind, daß damit etwas Schwieriges verbunden war, und das wurde ihm deutlich, als der Engel sagte: »Für ein Erdenkind ist es nicht so leicht, die Liebe zu opfern, die uns ermöglicht, zu helfen. Du darfst uns nämlich nichts von der Liebe geben, die du für andere empfindest – für deine Eltern, deine Brüder und Schwestern, für die Tiere und Pflanzen auf der Erde. Nur die Liebe, mit der du dein eigenes Leben liebst, kannst du opfern.«

Das Kind schaute den Engel an, und sein Gesicht war eine einzige große Frage. Wovon sprach er? Der Engel erklärte: »Die Liebe ermöglicht dir, auf der Erde zu leben. Du liebst es herumzulaufen, zu spielen, Dinge zu sehen, zu sprechen und zu singen. Allein deine Liebe für alles dies kannst du als Opfer geben! Und nur Kinder können dies tun. Erwachsene können diese Liebe nicht mehr herschenken. Darum ist es so schwierig, Hilfe zu finden.«

Das Kind begriff jetzt den Ernst dessen, was der Engel gesagt hatte. Mühsam nur konnte es seine nächsten Worte herausbringen; aber obwohl es sehr leise sprach, verstanden alle Engel, was es sagte: »Wenn ich die Liebe, mit der ich mein Leben liebe, opfere, würde das genügen?«

Es war nicht mehr erstaunt, als der Engel wiederum seinen Kopf schüttelte, denn längst hatte es verstanden, daß alles nicht so einfach war.

»Es gibt viele Kinder, die bereit wären, dies zu tun«, sagte der Engel, »aber es ist noch etwas anderes erforderlich. Du mußt auf Erden gute Freunde haben, die dich lieben und die dir helfen, deine alten und neuen Aufgaben zu erfüllen. Erinnerst du dich an deine alten Aufgaben?«

»Ja«, antwortete das Kind, »ich wollte ein Tischler werden.«

»Um den Menschen zu helfen, ihre Umgebung zu verschönern«, sagte der Engel, »und dafür würdest du dann die helfenden Hände deiner Freunde benötigen.«

»Würden sie mich verstehen?«

»Wenn sie dich lieben, werden sie dich verstehen.«

Das Kind fühlte nun die Hand des Schutzengels auf seiner Schulter. »Laß uns jetzt gehen«, sprach er. »Denke noch einmal darüber nach, bevor du ja oder nein sagst.«

Am nächsten Tag war das Kind hellwach. Es erinnerte sich zwar nicht mehr an die Ereignisse der vergangenen Nacht, aber es nahm wahr, was um es her geschah, und half, wo es konnte. Dabei versuchte es, so freundlich wie möglich zu sein. Es hatte viel Freude an diesem Tag, und die Menschen waren gut zu ihm.

Während der Nacht, als es durch den Raum mit dem Engel, der spann, gekommen war, traf das Kind ein zweites Mal die weinenden Engel und sagte zu ihnen: »Ich habe viele Freunde, die mich lieben, aber werden sie mich auch weiterhin lieben können, selbst wenn ich nicht mehr mit ihnen herumspringen, sie sehen und mit ihnen singen kann?«

»Wenn sie richtige Freunde sind, werden sie dich auch weiterhin lieben können«, war die Antwort, »und wir können ihnen vielleicht auch helfen.«

Am folgenden Tag mochte es nur mit zwei anderen Kindern spielen. Sie hatten es sehr schön zusammen. Das Kind war nur wenig erstaunt, als es die anderen beiden nachts im Himmelshaus bei den Engeln traf, die der Liebe bedurften. Jedes der Kinder trug ein leuchtendes Kreuz auf der Stirn.

»Seid ihr bereit?« fragte der Engel.

»Wir sind es«, antworteten die Kinder wie mit einer Stimme.

»Und würde einer von euch die Geduld aufbringen, seine Liebe zu opfern und dennoch drei weitere Tage auf Erden zu verbleiben? Das würde euren Freunden helfen, euch schneller

zu finden und euch zu verstehen?« fragte der Engel weiter.
»Er müßte bereit sein, dort zu bleiben, ohne herumlaufen,
sehen oder sprechen zu können.«
»Ich bin bereit, dies zu tun«, antworteten die Kinder wie mit
einer Stimme.
Der Engel lächelte sie an. »Dann sollst du es sein«, sagte er,
indem er auf eines der Kinder deutete, »und wir werden um
dich sein und dir Gesellschaft leisten.« Daraufhin winkte er
den Kindern, ihm zu folgen. Er führte sie in einen anderen
Raum.
»Hier« erklärte der Engel, »könnt ihr euch treffen und zusammensein – mit wem auch immer ihr euch vereint fühlen
möchtet.«
Die Kinder schauten sich um, sahen aber nichts. Dann sagte
der Engel: »Ihr müßt an jemanden oder an etwas denken,
versucht es einmal!«
So dachten sie an ihr Zuhause. Da sahen sie ihre Familien, alle
in tiefem Schlaf. Sie dachten an gute Freunde; alle erschienen.
»Können wir mit ihnen sprechen?« fragten die Kinder.
»Ihr könnt es«, erwiderte der Engel, »aber wahrscheinlich
werden sie euch nicht verstehen – noch nicht.«
Als die Kinder am nächsten Tag das Himmelshaus wieder be-
traten, sahen sie traurig aus. Doch die Kreuze auf ihrer Stirn
leuchteten wie Sterne. Dieses Mal kamen sie alle zusammen.
Sie grüßten den großen Engel, der wie immer spann, und traten zu dem Fenster auf der einen Seite, um auf den vorangegangenen Tag zu schauen. Dann gingen sie zu dem anderen
Fenster hinüber, um sich den kommenden Tag anzusehen. Sie
konnten aber nichts erblicken.
Als sie sich umdrehten, hatte der große Engel aufgehört zu
spinnen. Er hielt drei Ballen fein gesponnenen Garns in seinen
Händen. Jedes der Kinder empfing einen davon, und sie be-
merkten, daß in jedem der Ballen ein goldener Faden einge-

sponnen war. Dann gingen sie ins Himmelshaus hinein und in den Raum, wo sie die weinenden Engel getroffen hatten. Sie sagten zu ihnen: »Wir bringen euch die Liebe für unser Leben zum Opfer. Möge es euch und den armen lieblosen Menschen auf der Erde helfen.«

Das Weinen hatte aufgehört. Die Gesichter der Engel strahlten. Ihre Augen glänzten, und es herrschte große Freude unter ihnen. Das tröstete die Kinder.

»Kommt jetzt«, sagte der Engel, »wir wollen sehen, was auf der Erde geschieht.«

So gingen sie zusammen in den Raum, den sie in der vorangegangenen Nacht zum ersten Mal betreten hatten. Sie dachten alle an das gleiche, und da konnten sie plötzlich erkennen, daß einer von ihnen nicht so frei war wie die anderen. Er war mit etwas, das aussah wie ein Lichtfaden, an einen Körper gebunden, der reglos auf einem Bett lag.

Die Eltern des Kindes standen an seiner Seite, und tiefe Sorge sprach aus ihren Augen.

»Ich bin hier, Mutter«, rief das Kind, »ich bin hier, Vater!« Aber die Eltern schauten nicht auf. Dann versuchte das Kind, sie zu streicheln, aber sie konnten es nicht fühlen.

»Oh Engel«, rief da das Kind aus, »ich glaube, ich muß zurückgehen. Sie hören nicht und sie fühlen nicht. Laß sie mich nicht verlieren!«

»Du hast sie nicht verloren«, erwiderte der Engel, »gib ihnen noch einen weiteren Tag, um dich zu finden.«

Das Kind war froh, daß die beiden Gefährten auch da waren; so war es leichter, Geduld zu üben.

Der zweite Tag kam, und das Kind rief: »Ich bin hier, Mutter! Ich bin hier, Vater!« Doch die Eltern schauten nicht auf. Das Kind streichelte sie, und plötzlich sagte die Mutter: »Ich weiß nicht, aber ich habe das Gefühl, unser Kind ist gar nicht krank. Glaubst du, daß es uns sehen kann?«

»Haben sie das Streicheln gefühlt?« fragte das Kind.

»Sie haben es gefühlt – in ihren Herzen«, sagte der Engel.

»Bald werden sie dich verstehen.«

Das Kind blickte wieder zu seinen Eltern hinab und dachte: »Wenn sie nur aufhören wollten, meinetwegen zu weinen; wenn sie nur wüßten, daß es mir gut geht!«

Da schaute die Mutter auf und sagte: »Laß uns aufhören zu weinen. Unserem Kind geht es vielleicht gut, und unsere Tränen können es nur traurig machen.«

Das Kind jubelte: »Sie haben mich verstanden, oh, sie haben mich verstanden!« Und es fragte den Engel: »Wie konnten sie verstehen, was ich doch nur gedacht habe?«

Der Engel lächelte. »Weil sie dich lieben. Das Herz versteht die Gedanken von jemandem, den es liebt.«

Am dritten Tag rief das Kind nochmals: »Ich bin hier, Mutter! Ich bin hier, Vater!«

Die Eltern schauten nicht auf, der Vater aber sagte nachdenklich: »Unser Kind ist nicht krank, sondern gesünder als wir beide. Eines Tages werden wir es wiederfinden.«

Und als das Kind die Mutter streichelte, erwiderte sie: »Ich fühle es schon jetzt – mein Herz schmerzt nicht mehr. Unser Kind muß uns sehr nahe sein.«

Als das Kind das hörte, rief es erfreut: »Sie hören und sie verstehen mich!«

»Und werden dich immer besser verstehen. Komm nur«, sprach der Engel. Da wandte sich das Kind ihm zu, und das Lichtband erlosch.

Die Kinder blieben im Himmelshaus, verbunden mit allen, die ihnen im Leben nahe gewesen waren. Einige Menschen merkten nichts davon; aber es gab andere, die merkten es wohl, weil ihre Liebe zu den Kindern ihnen die Herzen geöffnet hatte. Und es gab noch etwas anderes, das die drei Kinder tun konnten. Jede Nacht, wenn die Seelen ihrer Freunde zum

Himmelshaus emporstiegen, trafen sie mit ihnen zusammen und sprachen mit ihnen; und einige ihrer Freunde konnten sich beim Aufwachen am nächsten Morgen noch daran erinnern.

Fand die Seele des reichen Kaufmanns wieder ihren Weg zurück zum Himmelshaus? Ich bin ziemlich sicher, daß sie es tat – wie viele andere auch. In der nächsten Nacht werde ich meine Freunde danach fragen, und ich hoffe, daß ich ihre Antwort nicht vergessen werde.

Epilog

Die Beschreibung meines persönlichen Weges wurde drei Jahre nach dem Tod meines Kindes aufgeschrieben. Es konnte nur dann geschrieben werden – oder gar nicht; jedenfalls nicht in dieser intimen und innerlichen Weise.
Jetzt sind über sieben Jahre vergangen.
Es gehört zu den Wahrheiten unseres Lebens, daß, obwohl die Leere im Raum weiter besteht, die Intensität unseres Schmerzes allmählich nachläßt, so wie eine Wunde am Körper heilt.
Das ist besonders der Fall, wenn wir uns bemüht haben, das Erlebnis durchzuarbeiten, ihm ins Angesicht zu sehen, so bewußt wie möglich und ohne allzuviel Ablenkung innerlicher Art oder gar erhöhter Aktivität im äußeren Tun, also ohne zu fliehen. Und nun – wie ist es nun, nachdem sieben Jahre vergangen sind? Es ist vielleicht unglaublich, und doch ist es so: Die Zeit heilt alle Wunden. Diese Worte enthalten eine tiefe Wahrheit. Das ist Gnade.
Aber damit geht das Erleben einer Art zweiten Verlustes einher. Man könnte es folgendermaßen beschreiben. Während der Zeit der intensiven Trauer der ersten Jahre ist die Seele wie erhellt vom Schmerz. Der »Vorhang« zum Seelen- und Geisterland ist gleichsam »aufgerissen«. Langsam, doch stetig schließt er sich wieder. Die Sinneswelt mit ihrer großen Kraft verdeckt die viel feineren, so viel sanfteren subtilen Erlebnisse der Seele wieder wie das Gras, das über dem Flecken Erde wächst, das aufgeschaufelt wurde, um das Grab zu bereiten.

Das Leben geht weiter... Und die Spuren eines so kostbaren Lebens drohen verweht zu werden und zu verschwinden.

Eine Freundin, die mir sehr viel geholfen hat und die mich auch in der Arbeit an diesem Manuskript bestärkt hat, Anke Weihs, schrieb mir einen wunderbaren Brief. Er ist so schön, daß ich ihn an den Schluß dieses Büchleins setzen möchte.

»Es kam mir in den Sinn, daß man, wenn die Seele sich immer weiter ausdehnt in die unendliche Welt und die Beziehungen zur Erde und zu den zurückgebliebenen Menschen immer vergeistigter werden, eine Art ›zweiten Verlust‹ erlebt. Und mit einem Kind geschieht dies bisweilen noch schneller als mit einem älteren Menschen.

Das Gefühl des ›Besitzenwollens‹ – im besten Sinne – bekommt eine andere Qualität. Es ermüdet gewissermaßen. Man spürt, daß es nicht mehr angebracht ist. So könnte man vielleicht sagen. Vor kurzem kam mir ein Büchlein in die Hände von C. S. Lewis, ›Die vier Arten der Liebe‹. Die erste Liebe nennt er die ›Bedürfnis-Liebe‹. Man liebt, weil man der Liebe bedarf. Es ist eine tiefe, urgründige Gegenseitigkeit zwischen Mutter und Kind, Mensch und Mensch, Mensch und Gott. Aus dieser Bedürfnis-Liebe werden unser Schmerz, unsere Sehnsucht, unsre Suche geboren.

Aber dann spricht Lewis über die ›Schenkens-Liebe‹, die Liebe, die keines Bedürfnisses, keiner Gegenseitigkeit, keiner Erwiderung bedarf. Es ist einfach ein freies Geben gleich einem Geschenk. Es ist, als mache ich aus meinem Herzen eine Schale mit Weihrauch. Er steigt auf zu dem Wesen, das ich liebe, und verflüchtigt sich in der Luft, in den Wolken. In dieser Schenkens-Liebe, wenn man sie sich so vorstellen kann, ist kein Bedürfnis, kein Schmerz. Da ist nur Treue, Tag und Nacht.

Ich glaube nicht, daß man die Bedürfnis-Liebe so schnell überwinden kann. Die Wunde des Getrenntseins vernarbt, aber die Narbe bleibt. Aber ich denke, daß in der Wesenhaftigkeit der Dinge die Bedürfnis-Liebe sich selbst verwandelt. Erzbischof Runcie hier in England, ein intelligenter und feinsinniger Mann, sagte in bezug auf das Trauern und die allmähliche Verwandlung der Trauer, daß man lernen soll, mit den eigenen Erinnerungen umzugehen, sie zu beherrschen und nicht so zu leben, daß sie uns beherrschen. Dann können die Trauer und der langsam nachlassende Schmerz zu etwas Schöpferischem und Zukunfttragendem werden. So ist der akute Schmerz verwandelt, und nichts und niemand kann einen hindern, die eigene Herzensschale mit Weihrauch anzuzünden, das eigene Opferlicht der Schenkens-Liebe.«

Und so leben wir weiter.

Literaturhinweise

1 R. Moody, »Leben nach dem Tod«, Reinbek 1977; J. H. Hampe, »Sterben ist doch ganz anders«, Stuttgart 1975.

2 Rudolf Steiner, »Unsere Toten«, Kassel 1914, GA 261.

3 – »Der Tod als Lebenswandlung«, Vortr. v. 10.2. 1918, Nürnberg, in: GA 182.

4 – »Exakte Erkenntnis der übersinnlichen Welten im Sinne der anthroposophischen Geisteswissenschaft«, Vortr. v. 17.11. 1922, London, in: GA 218.

5 – »Karmische Wirkungen«, Vortr. v. 24.10. 1919, Zürich, in: GA 168.

6 Jacques Lusseyran, »Gegen die Verschmutzung des Ich«, Stuttgart 1979[5].

7 G. E. Lessing, »Die Erziehung des Menschengeschlechts«, § 92 ff.

8 Rudolf Steiner, »Persönlich-Übersinnliches«, in: »Menschenschicksale und Völkerschicksale«, GA 157.

9 – »Okkulte Bewegung im 19. Jahrhundert und ihre Beziehung zur Weltkultur«, Dornach 1915, GA 254.

10 – »Schicksalsbildung und Leben nach dem Tode«, Berlin 1915.

Die Sprüche von Rudolf Steiner sind aus dem Werk »Unsere Toten«, a. a. O. Der Abdruck der Texte von Rudolf Steiner erfolgte mit freundlicher Genehmigung der Rudolf-Steiner-Nachlaßverwaltung, Dornach, Schweiz.